ちくま新書

カール・マルクス
——「資本主義」と闘った社会思想家

佐々木隆治
Sasaki Ryuji

1182

カール・マルクス——「資本主義」と闘った社会思想家【目次】

はじめに　009

第1章　資本主義を問うに至るまで［1818〜1848年］
──初期マルクスの新しい唯物論　013

人間カール・マルクスの実像／多感な大学時代／文学から哲学へ／青年ヘーゲル派との出会い／青年ヘーゲル派とはどのようなグループか／マルクスに与えたバウアーのインパクト／ジャーナリストへの転身／宗教批判から政治批判へ／『ヘーゲル国法論批判』と近代国家批判／フォイエルバッハの与えた影響／『ヘーゲル国法論批判』の限界／『独仏年誌』に掲載した二つの論文／一変するマルクスの変革構想／『経済学哲学草稿』／私的所有と「疎外された労働」／啓蒙主義のヴィジョンを乗り越えて／エンゲルスとの再会とバウアーとの最終的な決裂／フォイエルバッハ批判へ／「フォイエルバッハ・テーゼ」の「新しい唯物論」／哲学からの離脱／新たな変革構想と「唯物史観」／ブルジョア的生産様式の限界／自由の条件としてのアソシエーション／経済学批判へ

第2章 **資本主義の見方を変える**［1848〜1867年］ 087
——マルクスの経済学批判

四八年革命の動乱から資本主義の中心地へ／経済学研究の日々／経済学批判としての『資本論』

『資本論』の見方①——商品の秘密 096

商品には資本主義の謎が隠されている／商品の価格はどう決まるのか／なぜ商品の価値の大きさは労働によって決まるのか／労働の二面的性格／市場システムはどのように成立しているのか／価値論の意義／なぜ商品が存在するのか／物象化と物神崇拝

『資本論』の見方②——貨幣の力の源泉 124

値札の謎／値札のメカニズム／貨幣の力／物象の人格化

『資本論』の見方③——資本の力と賃労働という特殊な働き方 138

資本とはなにか／資本家が買うのは労働ではなく労働力である／剰余価値生産のメカニズム／労働時間の延長／生産力の発展／生産力の上昇は賃労働者にどう影響するか／テクノロジーは技術教育を生む

『資本論』の見方④——資本蓄積と所有 160
所有とは何か／資本蓄積と格差の拡大／相対的過剰人口は人々に賃労働をさらに強制する
『資本論』の見方⑤——恐慌はなぜ起こるのか 169
資本主義は恐慌を回避することができない／なぜ恐慌が起こるのか／資本の行動の基準としての「利潤率」／一般的利潤率が成立するプロセス／資本主義社会の利潤率は低下していく／利潤率の低下が恐慌を現実化する
『資本論』の見方⑥——資本主義の起源とその運命 183

第3章 資本主義とどう闘うか［1867〜1883年］ 189
——晩期マルクスの物質代謝の思想
変化したマルクスのヴィジョン／改良闘争への高い評価／アソシエーションとしての共産主義社会／鍵となる「物質代謝」という概念／「人間は自然の一部である」という大前提／資本による物質代謝の攪乱／抵抗の拠点としての物質代謝／晩期マルクスの変革構想と抜粋ノート／

エコロジー問題と物質代謝論／農学者フラースの気候変動論と物質代謝／物質代謝論から共同体研究へ／共同体論の到達点としての「ザスーリチへの手紙」／共同体論研究からジェンダーへ／晩期マルクスのジェンダーへの注目／老マルクスの最後の闘争

あとがき　255
カール・マルクス年表　257
参考文献　261

カール・マルクス（1818～1883年）

はじめに

本書で伝えたいことは、たったひとつ、カール・マルクスの理論が現代社会の変革にとって最強の理論的武器であり続けているという事実である。

マルクスの理論にたいしては、世俗的な世界でも、アカデミックな世界でも、さまざまな悪罵《あくば》が投げつけられてきた。凝り固まったイデオロギー、とうに実効性が失われた古い理論、あるいはソ連などの抑圧的な政治体制を生み出した元凶というイメージを持っている人も少なくないだろう。

だが、考えてみてほしい。ソ連崩壊以降の資本主義のグローバリゼーションのもとで何が起きただろうか。資本主義は恐慌を克服し、繁栄を謳歌しているだろうか。先進資本主義国の多くは長引く経済停滞と膨張する財政赤字に苦しんではいないだろうか。経済の「金融化」の結果、恒常的にバブルが発生し、その後遺症に苦しんではいないだろうか。

あるいは、日本経済の停滞を打破するという名目のもとに導入された、市場原理主義的な諸政策の帰結を考えてみてほしい。日本経済は競争力を回復し、繁栄しているだろうか。

経済格差は縮小し、貧困は減少しただろうか。

　私たちがこの現実世界において見いだすものは、まさにあのカール・マルクスが主著『資本論』で力強く論証した資本主義的生産様式の歴史的傾向そのものではないだろうか。

　それでも人は言うかもしれない。「マルクス主義を掲げた共産主義運動はいずれも失敗に終わったではないか」と。

　たしかにそうだ。「マルクス主義者」たちの政党やグループは衰退の一途をたどり、いまではその多くが解体してしまっている。だが、カール・マルクスその人の理論と、後世の人々が作り上げた「マルクス主義」は同じではない。このことは五〇年以上も前からしばしば指摘されてきたことであるが、近年の文献学的研究の進展により、その違いがいっそう鮮明になりつつある。最新の研究によって発掘されつつあるマルクスの変革構想は、「マルクス主義」とはほど遠く、場合によっては対立するものでさえある。

　過去を振り返るのではなく、未来に目を向けるのであれば、私たちが問い直さなければならないのは、失敗に終わった「マルクス主義」ではなく、マルクスその人の実像であろう。本書で扱おうとするのも、「マルクス主義」ではなく、まさにカール・マルクスその人の理論であり、その社会変革上の意義にほかならない。

　本書で焦点をあてるのは、マルクスの主著『資本論』である。だが、本書はたんなる

『資本論』の入門書ではない。というのも、『資本論』の社会変革上の意義を把握するためには、マルクスがなぜ経済学を主要な研究対象としたのか、あるいは、『資本論』で獲得した理論的認識にもとづきどのような変革構想を立てたのか、といったことについても理解しなければならないからだ。

本書では、第2章における『資本論』の解説に先立ち、第1章で若きマルクスを取り上げ、文学少年であったマルクスがいかにして経済学を研究するようになるのかをみる。そして、第3章では、『資本論』を仕上げるための努力のなかで獲得した理論的認識にもとづき、晩年のマルクスがいかにして自らの変革構想を深め、発展させていったのかみることにしたい。

この第3章では、最新の文献研究の成果にもとづき、これまでほとんど知られてこなかった晩期マルクスの理論的な営みの意義を明らかにするつもりである。そこから見えてくるのは、物質代謝の具体的論理の飽くなき探求であり、エコロジー、共同体、ジェンダーをも包括する壮大な変革構想である。

第1章 資本主義を問うに至るまで［1818〜1848年］

——初期マルクスの新しい唯物論

†人間カール・マルクスの実像

カール・マルクスという人、そしてその思想について考えるとき、忘れてはならないことがある。それはマルクスが革命家であり、その生涯を社会変革に捧げた人だということだ。

たしかに、マルクスはレーニンや毛沢東、あるいはカストロのように歴史の大舞台で華々しく活躍した革命運動のリーダーではなかった。むしろ、マルクスが社会運動の指導者として歴史に登場したのは、一八四八年革命や第一インタナショナルの創立時など、マルクスの生涯のうちのほんの一時期にすぎない。すでにマルクスについて何らかの知識をもっている読者なら、ロンドンの大英博物館に通いつめ、主著『資本論』を著した思想家というイメージが強いだろう。

だが、マルクスは安穏とした環境のなかで研究に専念した学者ではなかった。大学時代からマルクスはその学識と知的能力を高く評価されていたが、急進的な政治的立場のために大学に職を得ることはできなかった。卒業後はリベラル派の雑誌の主筆になったが、その雑誌も政府から発禁処分をうけ、辞職した。その後、マルクス自身も亡命を余儀なくされ、革命の動乱のなか、紆余曲折を経て、ロンドンに流れ着いた。定職をもたなかったマルクスは、亡命生活においても経済的な貧窮のなかでさまざまな苦難に直面した。
そうした闘争と亡命の日々のなか、二〇年近くもの長い年月をかけて書き上げたのが主著『資本論』第一巻であった。『資本論』第一巻を書き上げた直後、マルクスは友人に次のような手紙を書き送っている。

仕事のできる瞬間はすべて私の著作〔『資本論』第一巻を指す〕を完成するために利用しなければなりませんでした。この著作のために私は健康もこの世の幸福も家族も犠牲にしてきたのです。……もし人が牛のようなものでありたいと思えば、もちろん人類の苦しみなどには背を向けて自分のことだけ心配していることもできるでしょう。しかし私は、もし私の本を、少なくとも原稿のかたちででも、完全に仕上げないで倒れるようなら、ほんとうに自分を非実践的だとかんがえたでしょう。

（一八六七年四月三〇日のジークフリート・マイアー宛の手紙）

この手紙には、当時のマルクスの心情が率直に吐露されている。「健康もこの世の幸福も家族も犠牲」にしたという言い方は、けっして大袈裟ではない。経済的貧窮のための劣悪な住環境は、彼の三人の子供を死に至らしめた。『資本論』を書き上げるための、常人では考えることのできないような膨大な仕事量はマルクスの身体を痛めつけ、彼をつねに病気で悩ませた。

それほどまでして、なぜ『資本論』を書き上げたのか。マルクスによれば、「実践」、すなわち社会変革のためにほかならない。人類が貧困に苦しみ、自分の力を自由に発揮する可能性を奪われている、そのような社会を変革するためにこそ、『資本論』は書かれたのである。

マルクスにとって『資本論』の執筆は、たんなる学問的真理の探究ではなかった。それはなによりも「実践」のためになされたのであり、それじたいが社会変革のための闘いであった。『資本論』には、生涯を社会変革に捧げた人間の闘いの跡が刻み込まれている。その意味でのみ、ロシアの革命家、トロツキーの評言は正当であろう。「マルクスのすべては、『共産党宣言』の中に、『経済学批判』序言や『資本論』の中に存在する。マルクスが第一インタナショナルの創設者でなかったとしても、彼は今と変わらぬ評価のまま永遠に残るだろう」(「レーニンにおける民族的なもの」)。

とはいえ、『資本論』が社会変革のための著作だということは、この本が共産主義の政治的プロパガンダのために書かれた著作だということを意味しない。たしかに、マルクスの死後、多くの共産主義者たちは『資本論』を資本主義の没落と社会主義の到来を「証明」した「聖典」として取り扱い、その権威を自らの党派のプロパガンダに利用しようとした。だが、マルクスのいう実践とは、そのようなスケールの小さな政治的実践のことではない。もっとラディカルな、社会関係の根幹に関わる実践である。マルクスは『資本論』の実践的意義について次のように述べている。

> たとえある社会が、その社会の運動の自然法則への手がかりをつかんだとしても――そして近代社会の経済的運動法則を暴露することがこの著作の最終目的である――その社会は、自然的な発展諸段階を跳び越えることも、それらを布告によって取り除くこともできない。しかし、その社会は産みの苦しみを短くし、やわらげることはできる。（『資本論』第一巻初版序文。以下、傍点はすべて筆者によるもの）

若きカール・マルクス

マルクスがここで述べているように、『資本論』の最終目的は「近代社会の経済的運動法則を暴露すること」である。だが、いくらその「暴露」に成功したとしても、社会の害悪を取り除くことはできない。「社会は、自然的な発展諸段階を跳び越えることも、それらを布告によって取り除くこともできない」からである。

では、『資本論』は実践にとって何の意味も持たないのだろうか。そうではない。「近代社会の経済的運動法則」を把握することによって、既存の社会が新しい社会を産み落とすときの「苦しみを短くし、やわらげること」はできる。つまり、『資本論』は資本主義的生産様式の根本的変革にともなう「産みの苦しみを短くし、やわらげる」ために書かれたのである。

要するに、マルクスの理論は、人々に社会主義を信奉させ、それによって社会を変えようとするものではない。あるいは、社会主義の到来を「証明」し、人々に社会主義の立場に移るように説得するためのものでもない。資本主義システムの運動法則を明らかにすることによって、その変革の方向性を示し、どのような実践によって「産みの苦しみを短くし、やわらげる」ことができるのかを示すのである。

だが、以上の説明では、『資本論』の実践的意義について、まだぼんやりとしか理解できないだろう。当然である。先の引用文においては、マルクスが長年の闘争と研究のなかでつかみ取ってきた理論的スタンスが、非常に圧縮されたかたちで表現されているにすぎないからだ。なぜここでマルクスが「産む」という比喩を用いているのか、なぜ理論的な「暴露」によっては社会を変えることができず、「産みの苦しみを短くし、やわらげる」ことしかできないのか、ということについては多くの説明が必要である。

そこで、遠回りするようだが、若きマルクスの軌跡をたどってみることにしよう。なぜなら、マルクスは激動の時代のなかで、激しい論争を繰り広げることによって自らの思想を鍛え上げていったからである。この思想こそが『資本論』のもっとも基本的な理論的構えを準備することになったのである。

†多感な大学時代

マルクスが社会変革という課題を意識し始めるのは大学時代である。とはいえ、はじめから熱心な活動家だったというわけではない。

一八一八年五月五日、ドイツのトリーアでユダヤ人弁護士の子として生まれたマルクスは、ギムナジウムで五年間学んだあと、一八三五年一〇月にボン大学に入学した。マルクスの父親は、マルクスが法学を修め、自分の後をつぐことを期待して、息子を大学に送りだした。マルクスも期待に応え、それなりに熱心に法学を勉強したようだ。けれども、大学入学後、マルクスがもっとも熱中したのは詩作であった。

ドイツ周辺地図

マルクスの文学好きは有名な話だ。幼少のころ、父親の友人、ルートヴィヒ・フォン・ヴェストファーレン（彼の娘が後にマルクスの妻となるイェニーである）から文学の手ほどきをうけたマルクスは、ホメロスやシェイクスピアを暗唱するほどであった。ギムナジウムでも詩作サークルに所属し、さまざまな文学作品に触れている。共産主義の理論家として活動し始めてからも、文学好きは変わらず、あのハイネと親交をむすび、大きな影響を与えたほどだ。主著『資本論』にもシェイクスピア、ゲーテ、バルザックなどさまざまな文学作品の登場人物や言い回し、あるいはそのパロディが登場し、著作に豊かな精彩を与えている。

だが、大学入学当初のマルクスは、たんに文学に強い関心をもっていたというだけではなく、プロの詩人や小説家になることも考えるほどに、文学にのめり込んでいた。じっさい、マルクスは大学時代に非常に多くの詩や小説を書いている。

他方、当時のドイツの大学の雰囲気はたぶんに抑圧的なものであり、学生運動は停滞していた。一八三二年、ドイツ統一と民主主義を求める運動が広がるなか、ボン大学の学生たちがライン州議会を襲撃したが、大学はこの事件をきっかけとして政治的な学生団体を禁止し、学生たちの行動を厳しく取り締まったのである。当然ながら、政治的な団体に関わることは困難であった。

しかし、マルクスは部屋にこもって勉強と詩作に明け暮れていたわけではない。マルクスは政治団体には入らなかったが、三〇人ほどのメンバーからなるトリーア同郷会に入会し、幹事を務めている。ここでマルクスは仲間たちと大酒を飲み、しばしば他の学生たちと喧嘩した。馬鹿騒ぎがあまりに酷かったためか、マルクスは大学から一日の禁固処分を受けている。

さらに、マルクスは決闘事件まで起こしている。当時のボン大学は、かつてフランスに占領されていたラインラントを中央のプロイセンに統合するという役割を担わされ、設立された大学であった。プロイセンの貴族の子弟との交流をつうじて、ラインラントの若者たちをよきプロイセン臣民として訓育することが期待されたのである。ところが、実際には両者の接触は、むしろ軋轢を引き起こすことのほうが多かった。マルクスが属していたトリーア同郷会も、プロイセン貴族の子弟をメンバーとする親プロイセン会とたびたび衝突した。会の幹事を務めていたマルクスは、この事態に対処するために、親プロイセン会のメンバーと決闘するにおよんだ。サーベルによる決闘の結果、マルクスは左目の上を負傷した。

もうひとつ、この時期のマルクスを知る上で重要なのは、両親、とりわけ父親であるハインリッヒ・マルクスとの関係である。当然のことながら、息子に法律家となることを期待していたハインリッヒは、すでにみたような「ボンでの大変な乱行」にたいして苦言を呈さざるをえなかった。また、マルクスの荒い金遣いについても釘を刺している。だが、こうした父親の心配をよそに、マルクスの返事は大抵そっけないものだったらしく、しばしば父親を怒らせた。

マルクスは二学期、つまり一年だけボン大学で過ごした後、ベルリン大学に転学する。ハインリッヒは、マルクスがボンのような馬鹿騒ぎに巻き込まれず、落ち着いて法学に打ち込むことを期待した。ところが、実際にはそうならなかった。マルクスはベルリンで革命家への道を歩き始めるのである。

†文学から哲学へ

マルクスはベルリンに移ってからも、あいかわらず詩作に熱中していた。しかし、この熱情はもはやたんなる文学的関心によるものとは言えないだろう。マルクスは、ボン大学を去ってトリーアに帰郷したおりに、イェニーとひそかに婚約していたのである。

聡明なイェニーとの婚約は、もちろんマルクスにとって大きな喜びであった。だが、他方でそれは、この一八歳の若者にプレッシャーを与えることにもなった。イェニーはマルクスより四歳年上であり、貴族の娘であった。一方、マルクスは年下で、大学生であった。マルクスはイェニーとの婚約を父に打ち明けたが、イェニーの両親、つまりヴェストファーレン家には極秘にすることにした。マルクスはようやく一年後に、ヴェストファーレン家から正式に婚約を認められている。

このような状況のなか、婚約したばかりのイェニーと遠く離れて暮らさなければならないことは、マルクスに大きな苦悩をもたらした。マルクスはしばしば猜疑心と焦燥感にとらわれ、家族宛の手紙でそれを吐露した。

マルクスはこのような感情をぶつけるかのように詩を書き、熱心に法学を勉強した。もはや、ボン時代のように、仲間たちと大酒を飲んで喧嘩するということもなかった。マルクスの言うところでは、ベルリンに着いたマルクスは「それまであったつながりをすべて断ち、いやいやながらたまに人を訪ねるだけで、もっぱら学問と芸術に沈潜しようと努めた」(一八三七年一一月一〇日の父宛の手紙。以下「父宛の手紙」と呼ぶ)のである。

だが、この若きマルクスの性急な試みは上手くいかなかった。「こうしていろいろなことに取り組んだために第一学期を通じて多くの夜を寝ずに明かし、多くの闘いをやり抜き、多くの内外の刺激を堪え忍ばねばならず、それにもかかわらず結局、私は大して豊かになってそこからでてきたわけではなかった」(同前)。マルクスは挫折したのである。

この時期に書いた膨大なロマン主義的な叙情詩といくつかの小説は、マルクスにとってとうてい満足のいくものではなかった。「真実のポエジーの国がはるかかなたの妖精たちの館のようにきらめいて、私の創作物はことごとく雲散霧消してしまったのです」(同前)。マルクスは自分に文学的才能がないことを悟らざるをえなかった。

他方、法学の勉強もマルクスの意図したようには進まなかった。自分なりの法学の体系を構築しようと何度も挑戦したが、マルクスはそのたびに「その体系と私のこれまでの努力のことごとくが間違っていたことを知らされるはめになった」(同前)のである。

†青年ヘーゲル派との出会い

一八三七年の夏、心身ともに疲れ切ってしまったマルクスは病気になり、医者のすすめでシュトラーラウという保養地に転地した。これがマルクスに大きな転機をもたらした。ベルリンでいわば引きこもりの生活をしていたマルクスは、ここではじめてベルリン大学の学生や私講師(今でいう非常勤講師)と親交をむすんだのである。マルクスが青年ヘーゲル派の若者たちと出会ったのはこのときであった。

マルクスは青年ヘーゲル派の若者たちが集っていた「ドクトル・クラブ」に加入し、そこで刺激をうけながら、ヘーゲル哲学を急速に吸収していった。詩作と法学研究に行きづまり、指針を失っていたマルクスは、ヘーゲル哲学に新たな指針を見いだそうとした。マルクスはヘーゲル哲学によって、それまで自分が陥っていた空疎なロマン主義や理想主義から脱却しようとしたのである。「父宛の手紙」における次の一節はそうしたマルクスの決意を示している。

私は、カントおよびフィヒテの観念論になぞらえてはぐくんできた観念論から、現実的なものそのもののうちに理念を求めるところへ行き着きました。神々は、かつては天上に住まっていたとすれば、いまでは大地の中心になっていたのです。私はヘーゲル哲学を断片的に読んだことがありましたが、この哲学のグロテスクで巌《いわお》のような旋律は私の気にはいりませんでした。もう一度、私は海にもぐりたいと思ったのです。ただし、精神的自然を物体的自然と同様に必然的な、具体的な、しっかりと仕上げられたものとして見いだそうという一定の意図をもってでありまして、もはや剣術を練習しようというつもりではなく、純粋な真珠を日の光にかざそうという意図をもってなのです。

フリードリヒ・ヘーゲル

かつてのマルクスにとってヘーゲルは「グロテスクで巌のような旋律」をもっており、受け入れられなかった。ヘーゲルに取り組むには、あまりにロマン主義的であり、理想主義的でありすぎた。しかし、いまやマルクスはかつてのロマン主義や理想主義を乗り越えようとしている。もはや現実と対決することなく、理念を追求するような観念論には満足することはできない。むしろ理念は「現実的なもののそのもののうちに」求められなければならない。この意味で、理念と現実を切り離すことなく、現実を貫くものとして理念を把握するヘーゲル哲学が、マルクスにとって重要な意義をもつものとして現れてきたのである。

このような転換はたんなる知的転換ではありえなかった。いまや課題は、現実から切り離されたところで芸術的ないし学術的な理想を追求することではない。むしろこの現実のうちに理想を求めようとすることである。そうであるかぎり、世界に対する態度そのものが転換せざるをえない。つまり、現実の世界との対決もまた、マルクスにとって重要な課題として立ち現れてきたのである。

他方、マルクスと父親の関係は悪化の一途をたどった。マルクスは、父親を敬愛しつつも、父親が考えているような常識人として自己を律することにはまったく関心を持たなかった。それどころか、父親には想像することもできない大きな世界へと踏み出そうとしていた。マルクスは「父宛の手紙」（一八三七年一一月一〇日付）において、新しい世界への旅立ちを晴れやかな筆致で報告している。「まるで境界標のように、過ぎ去った時の前に立ちながらも同時にある新しい方向をはっきりと指し示す人生の時機があるものです」。

ところが、この手紙にたいするハインリッヒの応答は厳しいものであった。「おまえはおまえの両親に数々の不愉快な思いをさせ、喜ばせることはほとんどないか、全然なかった」（同年一二月九日付）。このことはマルクスに父親との乖離を自覚させたに違いない。

ハインリッヒはこの手紙を書いてから、約半年後、トリーアで死去した。ベルリンにいたマルクスはトリーアに帰ることはできなかった。

†青年ヘーゲル派とはどのようなグループか

では、マルクスに重要な転機をもたらした青年ヘーゲル派とはどのようなグループだったのだろうか。

一八二〇年代のドイツにおいて、ヘーゲル哲学は絶大な影響力を誇っていた。ヘーゲル哲学は、文相アルテンシュタインの支持をうけ、いわばプロイセン国家の公認哲学となっていた。プロイセンの立憲君主制を自由の完成形態だとみなす（正確に言えば、そのように解釈された）ヘーゲルの哲学は、彼らにとって都合の良いものだったからだ。一八三一年にヘーゲルは死去したが、弟子たちはヘーゲル学派を形成し、師の教説をひろめるとともに、師の全集の編集作業に従事した。

しかし、やがてヘーゲル学派に分裂が生じた。保守的な解釈を維持する旧来のヘーゲル学派から、若いヘーゲルの弟子たちが離脱し、よりラディカルな解釈を打ち出していく。これが青年ヘーゲル派である。やや抽象的な議論になるが、その哲学の内容にも触れておこう。

ヘーゲル哲学は、理性を自然や情動から自立化させて哲学の中心においたカント哲学を継承しつつも、理性を現実から切り離さず、むしろ現実の発展の原理とするものであった。もちろん、カントも、理性が人間の認識を成立させる能動的な力をもっていることを認めていた。だが、カントは理性の使用を確実なものとするために、その限界を厳格に確定しようとした。これにたいし、ヘーゲルにおける理性は、否定の契機をつうじて――通俗的に言えば自己のあり方を反省的に問い直すことをつうじて――たえず自らを乗り越え、より高い境地へと発展していく、動的でダイナミックな理性であった。

たしかに、ヘーゲルは、この発展の最高段階を近代の立憲君主制のうちに見いだした。だが、これはいわば近代社会の現状を追認しているだけであり、立憲君主制が今後とも最高段階であり続ける必然性はなかった。だから、ヘーゲル哲学は、外見上保守的でありながら、潜在的にはラディカルな要素を含んでいたのである。こうした側面に注目したのが、青年ヘーゲル派の若者たちであった。

青年ヘーゲル派が——といっても、けっして一枚岩ではなく、さまざまな主張が混在していたが——当初、最大の批判の対象としたのは宗教であった。なぜ宗教批判なのか、現代日本の私たちには理解することがむずかしいかもしれない。だが、当時のドイツでは国家と教会が密接に結びついていたこと、政治批判よりも宗教批判のほうがまだしも安全な領域であったことなどを考え合わせれば、それほど不自然なことではない。

この青年ヘーゲル派の宗教批判において決定的な役割を果たしたのが、ブルーノ・バウアーである。バウアーは若くしてヘーゲルに認められた大秀才であり、ドクトル・クラブの指導者であった。このバウアーこそが、マルクスのヘーゲル受容において決定的な影響を与えた人物である。バウアーに先行して、すでにシュトラウスという人物が宗教批判を敢行していたが、それはあくまでイエスの史的実在について争うものであった。ところが、

ブルーノ・バウアー

バウアーは、大胆にもキリスト教それじたいを批判したのである。

では、バウアーのヘーゲル解釈、そして宗教批判はどのようなものであったのだろうか。

ヘーゲルは『精神現象学』において、真理は実体としてだけではなく、主体としても把握されなければならないと主張した。平たく言えば、実体とはあらゆる物事の根底にあり、物事の存在の根拠になっているもののことである。ヘーゲルが大きな影響を受けたスピノザは神＝自然を唯一の実体だと考えたが、ヘーゲルはこの実体を、主体＝自己意識として捉え直したのである。

ヘーゲルの実体はスピノザのそれのように静的なものではなく、動的で生きたものである。実体は、たえず自己を反省し、これまでの自己を乗り越えようとする主体＝自己意識をつうじて、はじめて真理に到達しうる。すでにみたような、否定の契機を媒介にした理性の発展の原理は、なによりもまず、このような「実体＝主体」論にもとづいていた。

だが、バウアーにいわせれば、このような「実体＝主体」論は自家撞着に陥ってしまっている。なぜなら、一方では、実体こそが主体＝自己意識にとっての真理であり、自己意識はこの実体のたんなる契機（構成部分）にすぎないといいながら、他方では、主体が実体を創造するというのだからである。もし主体が実体を創造するのであれば、むしろ主体こそが真理の根拠なのではないか、このようにバウアーはいうのである。

こうしてバウアーは自己意識の外部にある実体を否定し、自己意識、もっとはっきり言えば、人間の自己意識こそが真の実体であると主張する。バウアーによれば、この自己意識こそが人間の歴史を形成し、発展させてきたのである。外見上保守的なヘーゲル哲学のうちに潜んでいるエゾテーリッシュ（秘教的）な哲学、それこそが自己意識の哲学にほかならない。

そして、このような自己意識の哲学にもとづいて、バウアーは次のようにキリスト教を批判する。福音書は正確な歴史的事実の記録ではない。むしろ、それは、まだ未熟であった人間の自己意識が自分たちの本質を宗教という形で表現したものであり、自己意識の産物にほかならない。にもかかわらず、宗教において、人間の自己意識は自己の本質と対立し、受動的な存在におとしめられてしまっている。つまり、自己意識が生み出したはずの宗教が自己意識にとって疎遠なものとなり、その疎遠なものとしての宗教に自己意識が従属してしまっている。

このように、バウアーによれば、宗教とは自己意識が自己の本質を疎外したものにほかならない。バウアーは宗教批判によって転倒した事態を暴露することにより、この疎外された本質を人間のもとに取り戻し、人間を解放しようとしたのである。

†マルクスに与えたバウアーのインパクト

以上がバウアーの哲学の通俗的な説明であるが、それにしても、あまりに抽象的で小むずかしく聞こえるかもしれない。しかし、以前の理想主義的な立場を乗り越え、ヘーゲル哲学を懸命に摂取しようとしていたマルクスにとって、そのインパクトは絶大であった。

マルクスの学位論文「デモクリトスとエピクロスの自然哲学の差異」にも、バウアーの影響が色濃く表れている。この論文は、そのタイトルが示すとおり、古代ギリシアの哲学者、エピクロスとデモクリトスの哲学上の差異をテーマとしているが、けっしてたんなる哲学史研究ではない。マルクスは、アリストテレス後のエピクロス哲学の思想的意義を解明することをつうじて、ヘーゲル後の青年ヘーゲル派の思想的意義、とりわけ自己意識の哲学の思想的意義を示そうとしたのである。

マルクスはこのような観点からエピクロスの哲学を次のように評価する。エピクロスもデモクリトスも原子論によって自然を説明するため、しばしば両者は同一視される。だが、エピクロスの自然哲学はデモクリトスのそれをたんに模倣したものではない。デモクリトスの原子論は、自然の決定論的な性格を主張するものであった。デモクリトスによれば、原子の運動や結合・分離は外から与えられた必然性にもとづくものだったからである。

それにたいし、エピクロスは原子の運動の偶然性を強調する。エピクロスによれば、原子は直線的に運動するのではなく、それじしんがもつ性質によって直線からそれて運動し、偶発的な原子の衝突を生み出す。マルクスは、この原子の直線からの偏りに、たんなる自然必然性を乗り越える主体性の契機を見いだしたのである。

この意味で、マルクスにとってエピクロスの自然哲学は「自己意識の自然学」にほかならない。というのも、それは外的な自然必然性に従属しない自律的な主体、すなわち自己意識にとっての根拠を与えるものだったからである。マルクスはのちに『ドイツ・イデオロギー』において、「エピクロスは古代の真にラディカルな啓蒙家であった」と述べている。

もちろん、この学位論文には、すでに後のマルクスを彷彿とさせるような独自の発想も垣間見える。だが、全体としてはバウアーの自己意識の哲学を踏襲したものとして理解するのが妥当であろう。のちにマルクスは自己意識の哲学を再三にわたり批判し、それを乗り越えていく。しかし、それでもバウアーをつうじたヘーゲル受容はマルクスにとって決定的だったのであり、マルクスの理論構成に影響を与え続けることになる。

いずれにしろ、マルクスはバウアーらの影響を受けつつ、急速にヘーゲル哲学を吸収し、青年ヘーゲル派のなかで頭角《とうかく》を現していった。また、それとともに、マルクスの政治的立場も左傾化していった。この頃のマルクスがどのような印象を与えていたのか、青年ヘーゲル派のモーゼス・ヘスの証言を聞いてみよう。

彼はまだ非常に若く、せいぜい二四歳くらいだが、中世的な宗教と政治に最後の一撃を加えるでしょう。彼はもっとも深い哲学的まじめさともっとも辛辣な機知とを結び合わせています。ルソー、ヴォルテール、ドルバック、レッシング、ハイネ、ヘーゲルを一身に、つぎあわせるのではなくて、統合したような人物を想像してみてください。それがマルクス博士なのです。 （一八四一年九月二日のアウエルバッハ宛の手紙）

マルクスの驚くべき才能と非妥協的な強い意志は、すでに誰の目にも明らかだった。学者としてのマルクスの将来は、順風満帆であるようにみえた。しかし、実際にはそうはならなかった。プロイセン政府がより保守的な性格を帯びるにつれ、青年ヘーゲル派の若者たちが大学に残ることがむずかしくなったからである。

†ジャーナリストへの転身

父ハインリッヒの死後、ただでさえ浪費が激しかったこともあり、マルクスの財政状態は悪化していった。また、ハインリッヒの死によって、マルクス家とヴェストファーレン家との結びつきが弱まり、婚約者であったイェニーの立場はいっそう悪化した。さすがのマルクスも就職を現実問題として考えないわけにはいかなくなった。

すでにマルクスの関心は文学や法学から哲学へと完全に移行していたので、マルクスが哲学研究者として大学の職を得ようとしたのは当然のなりゆきであった。マルクスは一年半ほどで先述の学位論文を書き上げ、博士号を取得した。

だが、肝心の職探しは上手くいかなかった。ちょうどその頃、青年ヘーゲル派にたいする風当たりが厳しくなってきていたからだ。バウアーらによる宗教批判がラディカルさをますにつれ、政府による敵視が強まっていた。さらに、ヘーゲル主義を擁護した文相アルテンシュタインが死去し、新たな文相アイヒホルンが反ヘーゲル主義の立場をとったことが決定的であった。

すでにバウアーは、ベルリン大学からボン大学に移ることを余儀なくされていた。マル

アーノルト・ルーゲ

クスもあとを追い、ボンでバウアーに合流する。ここでマルクスは大学の職を得るために必要な追加の論文を準備しつつ、バウアーと共同で宗教批判の仕事に取り組んだ。しかし、青年ヘーゲル派の研究者たちが次々と大学から追放され、一八四二年三月、ついにバウアーまでも大学教員の職を失うにいたり、マルクスは大学に職を得ることを断念する。こうして、マルクスはジャーナリストとして生計を立てることになったのである。

すでにマルクスは、同年二月に、アーノルト・ルーゲが主宰する青年ヘーゲル派の雑誌『ドイツ年誌』に政府の検閲を批判する論文を寄稿していた。ルーゲは、ヘーゲル哲学のなかでもとりわけ法哲学を重視し、宗教批判にとどまらず、政治批判にまで進んでいく。マルクスは、決裂するまでの二年ほどのあいだ、このルーゲと緊密に連携することになる。

さらに、マルクスは大学の職を諦めてから、しばらくケルンに滞在したが、このときケルンの自由主義運動に接触したことがマルクスの進路に大きな影響を与えることになった。

すでに述べたように、ケルンをふくむラインラント地方はかつてフランスに統治されていたこともあり、商業の自由が比較的保障されており、ヨーロッパ最大の工業地帯のひとつとなっていた。だが、他方ではブルジョアジーには政治的な発言権が十分に認められているとは言えない状況であった。このような社会状態を反映して自由主義運動も盛んであり、青年ヘーゲル派は自由主義的な思想を持つ資本家を説得し、一八四二年一月に、『ライン新聞』を創刊していた。

マルクスはケルンでも、その力をすぐに認められ、たちまち運動の中心人物となる。一時的にケルンを離れるが、同年夏頃からは『ライン新聞』の内部問題にも関与するようになり、一〇月には編集長になった。マルクスは編集者としても優秀であり、またたくまに新聞の部数は二倍以上になった。

✝宗教批判から政治批判へ

この時期、マルクスがジャーナリスト、あるいは編集者として活動したことは、彼の思想の発展に大きな影響を及ぼした。

まず、ジャーナリストとして現実の具体的な社会問題を論評したことは、マルクスの批判の力点を宗教批判から政治批判へと移動させることになった。マルクスは、すでに獲得していた哲学を武器にして、出版の自由、言論の自由、議事録の公開を擁護しようとしたのである。

ところが、このような現実問題にぶつかるやいなや、抽象的な哲学や理想的な国家観を掲げて批判するだけでは不十分であることに気づかざるをえない。とりわけ、木材窃盗取締法をめぐる論争、自由貿易と保護関税をめぐる論争など、現実の経済的利害をめぐる論争において、マルクスはその無力さを痛感しないわけにはいかなかった。

マルクスは、「木材窃盗取締法にかんする討論」という論文において、慣習的に認められてきた農民の枯木ひろいを窃盗として処罰するという新法を批判した。この問題はまさに次章で述べる、「前近代的な所有権」と「近代的で排他的な所有権」との衝突から生じた問題である。マルクスはこの論文においてすでに、近代的所有において木材という物を崇めて、人間を犠牲にする転倒した関係が成立していることを見いだしていた。

だが、ここではまだ、そのような転倒を理想化されたヘーゲル的国家観によって批判するにとどまっている。つまり、森林地の所有者の特殊な私的利害を守るための法律を、普遍性を体現するはずの理想的な国家観を対置して、批判するにとどまっている。なぜ、いかにして、そのような転倒が生じるのかは明らかにされていない。とはいえ、この問題に取り組むことによって、マルクスの関心は抽象的な哲学から具体的な社会のあり方へと移行していったのである。

さらに、『ライン新聞』の編集において、マルクスは新たに登場してきた思想潮流としての共産主義と対峙せざるをえなかった。意外に思うかもしれないが、この時期のマルクスは、共産主義にたいして批判的であった。編集長として検閲官と日々対決していたマルクスが当面の課題を越えてラディカルになることに慎重であったことはもちろんであるが、それだけではない。社会関係の具体的な分析の必要性を痛感するようになっていたマルクスにとって、当時のドイツの共産主義思想はあまりに抽象的で非現実的なものに思われたのである。マルクスはもっと根本的な仕方で、それも抽象的にではなく、より現実的な社会関係に裏付けられた仕方で、共産主義思想の問題を扱うべきだと考えるようになっていた。

こうして、新たな研究の必要性を痛感するようになったマルクスは、『ライン新聞』にたいする政府の圧力が強まるなか、編集長を辞任し、「公の舞台から書斎に退く」ことになる。一八四三年三月、マルクスが二四歳のときであった。

†『ヘーゲル国法論批判』と近代国家批判

より現実的な社会関係を研究するために公の舞台から退いたのはよかったが、マルクスは無職になってしまった。

言論弾圧が厳しさを増すなか、バウアーらを中心とするベルリンの青年ヘーゲル派はますます抽象的な哲学的議論へと埋没していった。だが、そうした議論はもはやマルクスの関心からはかけ離れていた。とはいえ、言論弾圧が強まっていたドイツで現実問題を扱うジャーナリストを続けていくことは困難であった。

そこでマルクスは、現実の政治との闘争を続けようとしていたルーゲと組み、新たな可能性を探った。導き出されたのは、フランスにおいて月刊誌を刊行するという構想であった。社会主義思想が台頭しつつあったフランスとの連携という考えは、以前から青年ヘーゲル派のなかで主張されていたが、これを実行に移そうとしたのである。この雑誌は『独仏年誌』と名付けられた。ルーゲらの出資により、マルクスは共同編集者として雇われることになった。

ようやく食い扶持を確保したマルクスは、一八四三年六月、懸案であったイェニーとの結婚を果たした。一八歳のときに婚約してから実に七年が経っていた。マルクスはイェニーとともにクロイツナッハに滞在し、『独仏年誌』発行のための準備をおこなった。

マルクスは、この地で、ヘーゲル法哲学の批判的研究に取り組んだ。そのとき書き上げたノートが、いわゆる『ヘーゲル国法論批判』である。マルクスはヘーゲルの法哲学との対決をつうじて、先にみた転倒した事態の根源を解明しようとしたのである。このノートにおいて、マルクスはみずからの理論体系を構築するための第一歩を踏み出すことになる。

マルクスはこのノートにおいて、おおむね次のようにヘーゲルを批判している。

ヘーゲルは、市民社会における私的利害の衝突を認め、そこから生じるさまざまな諸矛盾、たとえば貧困や恐慌などの問題の存在を認める。だが、ヘーゲルはそれらの諸矛盾が近代の政治的国家において克服され、解消されると考える。つまり、市民社会においては互いに分裂し、私的利害をもとめ、競争しあう私的個人が、普遍性を体現する国家によってまとめあげられ、一つの共同体を形成するというのである。ヘーゲルはこのようにして実現された共同体を「人倫的共同体」と呼び、近代国家を真の自由を実現する社会システムだと考えた。

しかし、このような国家の把握は現実の近代国家を美化し、歪曲するものにほかならない。近代の政治的国家はけっして普遍性の体現者ではない。それを構成する官僚も議会も、特殊な階層の特殊な私的利害にもとづいて動いている。だからこそ、木材窃盗取締法などという普遍性のかけらもない法律が制定されたのである。だとすれば、市民社会と国家という近代の二元主義に自由の完成をみるのではなく、むしろこの近代の二元主義を乗り越えることこそが必要なのではないか。マルクスはこのように考えたのである。

では、マルクスはこの二元主義の克服をどのように構想したのだろうか。マルクスによれば、国家が普遍性を体現せず、特殊な利害によって動いてしまうのは、現実に生活する人間たちの多くが公的領域である政治から切り離されてしまっているからにほかならない。ヘーゲルが称賛する君主制国家は、多くの人間たちを政治から疎外することによって成立しているシステムなのである。

だとすれば、二元主義の克服は現実に生活する人間たちが普通選挙などの民主主義的諸制度をつうじて、公的領域たる政治に参画することにもとめられなければならない。そして、このように人間たちが普遍性をもつ公的領域に関与するならば、市民社会における私的個人への分裂も克服されるだろう。マルクスは、このような「民主制」によって近代的二元主義を乗り越えようとしたのである。

†フォイエルバッハの与えた影響

ここで注目されるべきは、ルートヴィヒ・フォイエルバッハの影響であろう。フォイエルバッハは青年ヘーゲル派の代表者の一人であり、『キリスト教の本質』で知られる論客であった。

フォイエルバッハは『キリスト教の本質』において、「神は人間の内面があらわになったものであり、人間の自己がいいあらわされたものである」と主張し、キリスト教を批判した。フォイエルバッハによれば、現実世界のなかで苦悩する人間たちが、ほんらい自分たちが人間という類としてもっている力を直観することができず、自分たちの外部に、疎外したかたちで映し出したものが宗教であった。つまり、フォイエルバッハによれば、宗教とは疎外された人間的本質、疎外された類的本質以外のなにものでもなかった。フォイエルバッハはこの宗教的疎外を、宗教批判によって打開しようとしたのである。

これは一見、自己意識が宗教をつくるというバウアーの哲学と同じ問題構成であるようにみえる。しかし、決定的な違いがある。それは、フォイエルバッハが宗教のみならず、哲学を批判の対象としたということだ。

ルートヴィヒ・フォイエルバッハ

この哲学批判は、ちょうどマルクスが『ヘーゲル国法論批判』を執筆する時期の直前に刊行された『将来の哲学のための暫定命題』において展開された。フォイエルバッハの宗教批判にはそれほど注目しなかったマルクスも、この哲学批判には非常に大きな影響を受けたのである。

では、フォイエルバッハの哲学批判とはどのようなものであったのだろうか。端的にいえば、抽象的な理念や論理を振り回す哲学にたいする批判である。フォイエルバッハはそのような哲学的な抽象物にたいして、現実に生きる感性的な人間を対置した。

人間はただ自己意識をもって思考する存在というだけではない。呼吸し、欲求し、食べ、愛し、生殖する感性的存在であり、そのような感性的な営みのなかで思考するのである。つまり、フォイエルバッハはヘーゲルの絶対精神であれ、バウアー流の自己意識の哲学であれ、現実の生き生きとした感性的存在としての人間を捉えることができないと批判した。だからこそ、宗教だけでなく、哲学もまた、人間的本質を外部に疎外してしまうのだ、と。

一般にこのようなフォイエルバッハの考え方は、唯物論だと言われることが多い。だが、ふつうの唯物論とは少し違っている。一般的な唯物論は、精神や理念から世界を説明しようとする観念論とは逆に、むしろ物質的なものから世界を把握しようとする。端的にいえば、理念や精神にたいする物質の根源性を主張する立場である。

しかし、フォイエルバッハはそのような唯物論には満足しない。なぜなら、「物質」という概念も、それが生き生きとした感性的現実から切り離されるのなら、たんなる抽象物にすぎないからだ。フォイエルバッハの哲学は、感性の哲学であり、その中心には具体的に欲求し、他者を愛する感性的人間があった。その意味で、なによりもヒューマニズムの哲学だったのである。

『ヘーゲル国法論批判』にもこのようなフォイエルバッハ哲学の影響が表れている。マルクスによれば、ヘーゲルの国家論は抽象的な論理の産物にすぎず、現実の人間が切り捨てられている。むしろ、現実の人間はこの抽象的な論理の「現象」に貶《おとし》められてしまっている。「家族と市民社会は国家の前提であり、それらはもともとアクティヴなものであるが、思弁のなかであべこべにされる」(『ヘーゲル国法論批判』)。そこでマルクスは、このような転倒を再度ひっくり返そうとする。すなわち、理念ではなく、現実の人間を主体にするのである。先述した「民主制」は、まさに現実の人間たちじしんが真の目的とされる社会を実現するための構想であった。

†『ヘーゲル国法論批判』の限界

ヘーゲル法哲学との対決を通じて、マルクスの問題意識は深まり、ますます現実問題に接近していった。しかし、依然として、マルクスは青年ヘーゲル派の問題構成のなかにいた。それは、意識の変革という啓蒙主義的な問題構成である。

マルクスがヘーゲルを受容するにあたって大きな影響をうけたバウアーの自己意識の哲学も、それをこえる射程をもつフォイエルバッハの感性的人間の哲学も、つまるところ、正しい考え方によって間違った考え方を批判し、それによって社会のあり方を変革していこうとするものであった。

前者は、人間から疎遠な「実体」を優先させ、自己意識を軽んじる考え方にたいし、自己意識こそが真の歴史の原動力であることを主張するものであったし、後者は抽象的な論理の展開として社会を説明する観念的な考え方にたいして、生き生きとした感性的人間こそがこの社会を形成する主体であることを主張するものであった。

次の手紙の一節は、マルクスが依然として啓蒙主義の枠内にいたことを示している。


われわれのスローガンは次のようなものでなければならない。意識の改革、それもドグマによってではなく、宗教的形態であらわれようと政治的形態であらわれようとそれ自身でははっきりしない神秘的な意識の分析によっての意識の改革。そうすれば、つぎのことがあきらかになろう。世界はずっと以前からある事柄についての夢を持っていたが、それを本当に手に入れるためにはただそれについての意識を持ちさえすれば良いのだ。

（一八四三年九月のルーゲ宛の手紙）


たしかに、マルクスは空疎な理想を言い立てるだけの共産主義者たちの「ドグマ」を嫌悪していた。だからこそ、マルクスはヘーゲル法哲学の批判を通じて「神秘的な意識」を「分析」し、そこから「民主制」という変革構想を見いだしたのである。

しかし、そうであるにもかかわらず、この「民主制」という変革構想は依然として理念的なものであり、それを実現するための現実的な基盤をもっていなかった。現実的な基盤がなければ、人々を啓蒙して意識を変えさせるほかない、ということになってしまう。

では、「民主制」構想が現実的基盤をもたなかったのはなぜだろうか。それは、マルクスが『ヘーゲル国法論批判』において、近代の最大の矛盾を現実の主体たる人間たちが普遍的な公的領域（国家）から疎外されてしまっていることにみたからである。変革構想が現実性をもつには、むしろこの現実の主体たる人間たちが生活する場である市民社会こそを分析しなければならなかったのである。

†『独仏年誌』に掲載した二つの論文

一八四三年一〇月、マルクスはクロイツナッハでのつかの間の新婚生活を終え、パリに到着した。『独仏年誌』を刊行するためである。

すでにパリで雑誌の編集に奔走していたルーゲは、フランスの思想家たちに執筆を呼びかけたが、反応は芳しくなかった。結局、『独仏年誌』とは名ばかりで、ドイツの寄稿者のみで刊行された。しかも、一回発行されただけで廃刊になってしまった。しかし、この『独仏年誌』に掲載されたマルクスの論文は彼の思想の発展にとってきわめて重要な意義をもつものであった。

『独仏年誌』に掲載されたマルクスの論文は二つある。一つは「ユダヤ人問題によせて」、もう一つは「ヘーゲル法哲学批判序説」である。マルクスはこの二論文において、啓蒙主義からの離脱を開始する。

『独仏年誌』の論文でも先に述べた近代的二元主義が主題となるが、そのとらえ方ははるかに深化している。『ヘーゲル国法論批判』においては、近代的二元主義の問題点はなによりも、市民社会に生きる現実の人間たちが普遍的な公的領域、すなわち国家から疎外されてしまっているという点にあった。だから、マルクスは普通選挙権などの民主的制度をつうじて、この分裂を乗り越えることを構想したのである。

ところが、『独仏年誌』の論文では、このような見方はしりぞけられる。というのも、マルクスはアメリカやフランスなどの歴史研究をつうじて、むしろ次のような結論にたどり着いたからである。

しかしながら国家の観念主義の完成は、同時に、市民社会の物質主義の完成でもあった。政治的くびきを振り落とすことは、同時に、市民社会の利己的な精神をしばりつけていたきずなを振りすてたことでもあった。（「ユダヤ人問題によせて」）

近代社会は、普通選挙権などの政治的民主主義が実現されていないから、市民社会と国家に分裂してしまっているのではない。たとえばアメリカやフランスをみればわかるように、普通選挙権が実現されたからといって、近代的二元主義が克服されるわけではない。むしろ、そのような政治的民主主義によって近代的二元主義はより純粋に実現されるのである。なぜなら、政治的解放によって身分や職業団体にもとづく特権が廃止され、市民社会における経済活動がより純粋な営利活動に変貌してしまうからだ。ここでは、国家は、市民社会における純粋な経済活動を保障すること、たとえば、諸個人の私的所有権を保護するという役割を果たすにすぎない。こうして、市民社会において人間は類的な共同性から疎外され、私人として物質的な利害だけを追い求めることになる。

このように、近代的二元主義のとらえ方が深まると、マルクスの関心はおのずと市民社会それじたいのあり方に向けられることになる。もはや人間たちは、近代的二元主義の構造のなかで、国家から疎外されてしまっているというだけではない。市民社会のなかでも疎外されているのである。

そして、この市民社会における疎外を体現するものこそが貨幣にほかならない。バラバラの私的個人がひたすらに利己的利害を追求する社会においては、人間たち自身がもっている力が人間から剝奪され、貨幣の力に変換されてしまう。

貨幣は、人間の労働と人間の現存在とが人間から疎外されたものであり、この疎遠な存在が人間を支配し、人間はそれを礼拝するのである。（「ユダヤ人問題によせて」）

私的個人からなる市民社会においては、身分支配にもとづく政治権力が存在しなくなるかわりに、貨幣の力が強大になり、「世界の支配権力」になってしまう。簡単にいえば、カネがすべてであり、カネさえあればなんでもできる、という社会になってしまうということだ。

ここでは、それじしん固有の価値をもっているはずの人間や自然がもっぱらカネという観点から評価されてしまう。マルクスは近代社会における矛盾の根源に、このような市民社会における疎外をつかみ取ったのである。

†一変するマルクスの変革構想

このような近代認識の変化に伴い、変革構想も一変する。変革の根拠は、いまや政治的理念ではなく、市民社会で生活する人間の感性的欲求に求められることになる。

およそ革命には受動的な要素が、物質的な基礎が必要である。理論はつねに、それが人民の欲求の実現である限りにおいてのみ、その人民において実現される。

（「ヘーゲル法哲学批判序説」）

もちろん、マルクスは理論の役割を軽視するわけではない。しかし、いかに高尚な理論を唱えようとも、それが人々の現実的欲求と結びついたものでなければ、その理論は現実世界に影響を与えることはできない、というのである。

それでは、いったい誰が近代社会そのものを根底的に変革することを欲求するのだろうか。プロレタリアート、すなわち労働者階級にほかならない。市民社会における疎外の影響をもっとも被り、もっとも苦しめられている階級であるプロレタリアートこそが変革の担い手になりうる。いまや課題は、たんなる政治改革ではなく、社会それじたいの変革でなければならなかった。

これによって、のちには、『独仏年誌』の共同編集者であったルーゲと激しく論争することになる。ルーゲは、一八四四年六月にシュレージェンでおきた織布工の蜂起を批判した。普遍的な公的領域である国家から切り離されたところで、どれほど社会運動をしようとも、社会問題は解決されない。むしろ、ドイツにおいて先決なのは政治改革である、と。

しかし、マルクスはルーゲの主張を真正面から批判する。近代国家の普遍性は、市民社会の私的利害の対立を前提とした偏狭な普遍性にすぎない。むしろ、どれだけ部分的であっても、労働者たちの蜂起においてこそ真の普遍性が潜在している。たしかに、社会変革にあたっては政治的行為も必要であるが、その本質は社会システムそのものの変革でなければならない。

さらに、このような理論的転換にともない、マルクスは青年ヘーゲル派の問題構成からの脱却を始める。つまり、理念による社会変革という構想から離れていくのである。

たとえば、「ユダヤ人問題によせて」においては、これまでマルクスが大きな影響を受けてきたバウアーが正面から批判される。人間は宗教から解放されることによってはじめて人間として解放されうるというバウアーの主張は正しくない。むしろ、宗教は、現実世界における人々の苦しみの表現である。人々が宗教を信仰し、空想的な幸福を追求するのは、現実世界で苦しみ、現実的な幸福を実現することができないからだ。その意味で、宗教は人々の現世的な苦しみをやわらげる「民衆のアヘン」なのである。だとすれば、宗教からの解放は、宗教の批判によっては完遂されない。それは、現実世界において人間らしい生活を取り戻すことによって実現されなければならない。

マルクスは以上のようにバウアー、より根本的には青年ヘーゲル派の宗教批判を批判したのであるが、そのことは当然、意識の変革によって現実を変革するという啓蒙主義への批判を含んでいた。

だが、まだ『独仏年誌』では啓蒙主義批判は前面に出ていない。バウアーらの宗教批判も否定されているわけではなく、むしろそれを出発点として現実世界での解放を勝ちとることが力説される。「ヘーゲル法哲学批判序説」において「解放の頭脳は哲学であり、その心臓はプロレタリアートである」と述べられるように、変革の根拠として感性的欲求が立てられているとしても、いまだに理念の力が大きな役割を果たすと考えられていたのである。

†『経済学哲学草稿』

『独仏年誌』は完全な失敗に終わった。ドイツでは発禁になり、フランスでは黙殺された。

プロイセン政府はマルクスを反逆罪と不敬罪で告発し、逮捕状を発した。マルクスは亡命者になった。

さらに、マルクスがたんなる政治改革から社会変革の立場へと移行していくにつれ、共同編集者であったルーゲとの意見の相違が大きくなり、最終的には決裂してしまった。

亡命者となったマルクスは、ルーゲと決裂した後もパリに滞在し、フランスやロシアの社会主義者たちと交流した。そのなかには、のちに論敵となるプルードンやルイ・ブラン、そしてバクーニンも含まれていた。また、マルクスはパリ在住のドイツ人労働者のグループとも接触した。こうした交流がマルクスを共産主義へと導いていく契機となったことは間違いないだろう。だが、この時期のマルクスにとって決定的に重要だったのは、経済学の研究を飛躍的に進展させたことである。

マルクスは、すでにパリに到着してから、経済学の研究を始めていた。マルクスは『独仏年誌』に掲載された論文を書きながら、ジャン・バティスト・セー、カール・ヴォルフガング・シュッツ、フリードリヒ・リストなど有名な経済学者たちの著作を読み、勉強ノートを作成していたのである。

なお、マルクスの勉強ノートは、「抜粋ノート」と呼ばれるのが普通である。というのも、マルクスはすでに大学時代に、読書した本から抜粋をおこない、必要におうじてコメントを加えるという勉強方法を確立しており、生涯この勉強法を変えることはなかったからだ。この抜粋ノートの多くは現在も残されているので、これらのノートからマルクスの研究のプロセスや、かならずしも著作には現れていない興味関心を知ることができる。

さて、『独仏年誌』刊行後、マルクスは一時的に経済学の勉強を中断していたが、四四年五月頃にはアダム・スミスの名著『諸国民の富』の勉強を始めた。この著作に刺激を受けたマルクスは、自らの理解を整理するためにこれまで作成した抜粋ノートから引用をおこないながら、自らのコメントを書き入れていった。

このとき作成された長大なコメントこそが、いわゆる『経済学哲学草稿』にほかならない。だから、『経済学哲学草稿』はマルクスの見解が体系的に整然と展開されているという類いの著作ではない。むしろ、経済学の研究をはじめて本格的に開始したマルクスが急速に自らの思想を発展させていくプロセスを示しているのである。

†私的所有と「疎外された労働」

では、マルクスはこの時期、経済学を摂取することによってどのように自らの思想を発展させていったのだろうか。

もっとも重要なのは、マルクスが市民社会における疎外を理論的に把握するための基礎的な方法論を確立したということである。

たしかに、マルクスはすでに『独仏年誌』の二論文で市民社会における疎外、すなわち貨幣が強大な権力となって人間を支配するという疎外について指摘していた。だが、これは青年ヘーゲル派の一員であったモーゼス・ヘスの議論を踏襲したものにすぎず、このような疎外がどうして生まれるのかについてはほとんどなにも説明していなかった。

しかし、マルクスは『経済学哲学草稿』において市民社会における疎外を把握するための画期的な道を切り開く。それこそが有名な「疎外された労働」という断片における議論である。

マルクスはこの断片において次のように言う。これまでのあらゆる経済学は商品や貨幣、資本といった私的所有物からなるシステムについて何の疑問も持たずに、それらを前提して経済のあり方について考えてきた。経済的不平等や貧困を批判する社会主義者たちの多くも、私的所有のシステムを前提とした上で、所得の平等を実現しようとしたに過ぎない。

しかし、本当に問わなければならないのは、そもそもなぜ商品や貨幣という私的所有物が存在するのか、ということだ。商品や貨幣からなる私的所有のシステムが存在するかぎり、経済的格差の拡大や貧困の広がり、恐慌などの問題がどうしても生じてきてしまう。そうであるならば、私的所有のシステムを前提とするのではなく、そもそもどうしてそのようなシステムが存在するのか、問い直さなければならない。そのようにマルクスは考えたのである。

では、なぜ商品や貨幣、資本といった私的所有物が生み出されるのか。マルクスはその根本原因を「疎外された労働」に見いだした。つまり、労働のあり方が疎外されたものになってしまっているから、私的所有物という人間たちから疎遠な力をもつものが生まれてしまうというのである。

労働のあり方が疎外されたものになってしまっているとは、どういう事態なのだろうか。この草稿では、マルクスはきわめて哲学的で抽象的な表現で説明しているが、平たく言えば、こういうことだ。

近代社会において、労働者の大部分は他人に雇われて働いている。このように他人に雇われておこなわれる労働のことを賃労働という。この賃労働は労働者が自分自身でおこなう労働でありながら、自分自身の意思にしたがっておこなわれる労働ではない。なぜなら、雇い主の指揮命令にしたがってなされる労働だからだ。だから、近代社会における賃労働は、自分でおこなう労働でありながら、自分にとって疎遠な労働になってしまっている。このような労働をマルクスは「疎外された労働」と呼んだのである。

このように他人に雇われ、他人の命令にしたがって働くとき、労働者は労働用具や原材料といった生産手段にたいしても疎遠な関係を取り結んでいる。賃労働者は、自分の家で慣れ親しんだ自分の道具を使って働く職人ではない。賃労働者は、他人の土地で、他人の労働用具を用いて、他人の命令にしたがって労働する。だから、自分が使う労働用具であっても、それは相変わらず他人のものであるし、自分が原材料を加工して生産した労働生産物もまた他人のものとなる。こうして、近代の労働者たちは、生産手段や生産物から疎外されてしまう。生産手段や生産物も労働者が使用し、生産したものでありながら、私的所有物として自立的な力を持ち、労働者に敵対する。マルクスはここに私的所有のシステムの根源をみたのである。

もちろん、ここで述べたロジックはまだ非常に抽象的であり、わかりにくい。より正確で具体的な説明は『資本論』の完成を待たなければならない。しかし、ここで重要なのは、人々が自明のものとして考えている商品や貨幣、資本といったものを、その根源にある人間の振るまいにまでさかのぼって解明するという方法を確立したことである。この方法が『資本論』の形成において決定的な役割を果たすのである。

†啓蒙主義のヴィジョンを乗り越えて

もう一つの重要なポイントは、フォイエルバッハの感性の哲学とバウアーの自己意識の哲学を総合することによって、啓蒙主義的な変革ヴィジョンを乗り越えようとしたことである。マルクスはこのような試みを、バウアーをとびこえ、ヘーゲル自身の哲学の批判、それもヘーゲル哲学の生誕地である『精神現象学』の批判をつうじて成し遂げようとした。マルクスがかつてバウアーの自己意識の哲学に熱狂したのは、たえず反省する自己意識によって既存のものを批判し、乗り越えていこうとする、その革命的な性格にあった。しかし、すでにみたように、マルクスは自己意識による社会変革を否定的に考えるようになっていた。自己意識のような抽象物ではなく、現実に生活する人間、ただ意識をもつだけでなく、さまざまな欲求や感情を持ち、五感で世界を享受する感性的な人間こそが現実の社会を形成しているからである。この点で、マルクスはフォイエルバッハに大きな影響を受けていた。

ところが、他方、フォイエルバッハがいうような感性的人間を称揚するだけでも無力であることを、マルクスは痛感するようにもなっていた。そのような感性的人間は、国家から疎外されているだけでなく、市民社会においても疎外され、その感性的欲求の実現を阻まれているからだ。市民社会で成立している私的所有のシステム、いまでいうところの市場経済システムが大量のプロレタリアートを生み出し、彼らを貧困に陥れている。そのことの分析なしに感性的人間を称揚したところで無力であった。プロレタリアートの感性的欲求を実現するためには、私的所有のシステムが生み出す疎外を克服するためのダイナミクスを見いだす必要があった。

そこで、マルクスは、一方では、バウアーの自己意識の抽象性をフォイエルバッハの感性的人間によって批判し、他方ではフォイエルバッハの感性的人間の静態性をバウアーの自己意識の哲学のダイナミクスによって批判することによって、両者を乗り越えようとしたのである。

ここではもはや歴史の主体は自己意識ではなく、フォイエルバッハのいうような感性的人間である。この感性的人間は、たんなる哲学的な自己反省をつうじて陶冶されるのではない。感性的人間は、労働において現実に自己の能力を対象化し、その対象化のあり方を自己反省的に乗り越えていくのである。いわば、労働において、バウアーの自己意識のダイナミクスとフォイエルバッハの感性的人間が接合されるのだ。

この労働する感性的主体は、労働のあり方をより高度に発展させていく。たとえば、小麦を製粉する場合、人類ははじめ石の上で小麦をこすっていたが、やがて石臼《いしうす》が発明され、動力としても家畜や水車が利用されるようになった。人間が自己意識をもつ存在であるからこそ、このように労働の技術的水準を変革していくことができるのである。

だが、それだけではない。人間は労働のあり方を社会的にも変容させていく。たとえば、共同体において人間たちは自分たちの労働生産物を人々の共有物として生産するが、近代社会では労働生産物を商品として、私的所有物として生産する。人間は自己意識をもつ存在であるがゆえに、一定の社会関係を形成し、歴史的発展とともにそれを変革していく。だから、マルクスは、近代社会における疎外された労働のあり方も変革していくことができると考えたのである。

この点で、マルクスはヘーゲルさえも乗り越えていく。ヘーゲルはバウアーと違い、歴史のダイナミズムを把握するさいに労働を重視するが、労働における自己能力の対象化を疎外と同一視してしまっている、とマルクスは批判する。ヘーゲルはその観念論的立場ゆえに、人間にとっての事物の疎遠性を人間がまだその事物が自らの産物であることを知らないという点にもとめるほかない。だから、その克服も意識のうえでたんに知ることによってなされるほかない。

だが、このような克服の仕方では、現実の私的所有のシステムはびくともしない。むしろ問題なのは、人間たちが自分たちの労働生産物に現実に与えている疎遠な性格、すなわち私的所有物としての性格である。これはけっして意識のうえで乗り越えることはできず、実践において現実の疎外された労働のあり方じたいを変えなければならない。このようにマルクスは考えたのである。

こうして、マルクスは啓蒙主義を明確に批判する立場に移行する。いまや哲学者による理念的批判は変革にとって重要な意味を持たない。現実に生活し、労働する人間たちじしんが、労働をつうじて自らを陶冶し、社会を変革する主体として自らを形成していくのである。

†エンゲルスとの再会とバウアーとの最終的な決裂

この『経済学哲学草稿』を書き終えた頃、マルクスは生涯の盟友となるフリードリヒ・エンゲルスとの再会を果たす。

じつは、マルクスはすでに一八四二年にエンゲルスに会っていた。だが、そのときはエンゲルスを、当時マルクスが嫌悪していた空想的な社会主義者の一派だとみなし、冷淡な態度をとった。しかし、マルクスは『独仏年誌』に掲載されたエンゲルスの論文「国民経済学批判大綱」に感銘を受け、エンゲルスの評価を改めたのである。

一八四四年八月二八日、マルクスとエンゲルスは当時のパリでもっとも有名なカフェであったカフェ・ドゥ・ラ・レジャンスで再会した。二人の話し合いは、一〇日間にもおよんだ。エンゲルスの証言によれば、「すべての理論的分野において、われわれの意見が完全に一致していることがはっきりした」。ここから二人の協働関係が始まったのである。

エンゲルスはマルクスの二歳年下であるにもかかわらず、この時点では経済学分野において マルクスの先を進んでいた。非常に博学であり、社会科学のみならず、のちには自然科学や軍事学にも精通したし、語学も堪能であった。また、名著として知られる『イングランドにおける労働者階級の状態』(一八四五年)に示されているように、ジャーナリストとしての才も備えていた。この本はエンゲルスが弱冠二四歳のとき書いたものであるにもかかわらず、きわめて優れたルポルタージュであり、マルクスの座右の書となった。

それほどの能力の持ち主であるにもかかわらず、エンゲルスは自分の研究活動を犠牲にし、マルクスの仕事を支える側に回った。エンゲルスはマルクスが傑出した天才であることを見抜いていたのである。エンゲルスは次のように述べている。

フリードリヒ・エンゲルス

マルクスは、われわれ全部のだれよりもずっと高いところに立って、はるかに遠くまでものをみ、ずっとおおくのことをしかもいち早く見通した。マルクスは天才だった。われわれ他のものはせいぜいのところ才人だった。（『フォイエルバッハ論』）

資本主義の現実に精通しており、自らの理論のよき理解者であったエンゲルスとの協働は、マルクスにとって、きわめて重要な意味を持った。それだけではない。マルクスはのちに経済的な貧窮に何度も陥ったが、エンゲルスが父親の会社で働き、マルクスを財政的に援助したのである。この財政的援助なしには、『資本論』の完成はありえなかったであろう。

他方、マルクスがパリで理論的な飛躍を遂げていたころ、ドイツに残った青年ヘーゲル派の論客たちは混迷の一途をたどっていた。かつてマルクスがあれほど影響を受けたバウアーは、自分たちの理論がいっこうに影響力をもたない現実にいらだち、世俗的な大衆を侮蔑し、「純粋批判」によってすべてを徹底的に批判しつくさなければならない、と主張するところまで落ちぶれていた。

ありがちな話ではあるが、現実的な基盤なしに現実を根本的に変革しようとすると、空回りしてしまい、極端に主観的な理論に帰着してしまうのである。一九六八年以後、大衆から孤立した日本の新左翼がますます主観的な理論へと傾いていったのと同じである。

いまやマルクスにとって、バウアーとの対立はあきらかであった。こうして、マルクスはエンゲルスとの共著『聖家族』(一八四四年)において、バウアーにたいする全面批判に踏み切ったのである。

†フォイエルバッハ批判へ

『聖家族』を書き終えた後、マルクスはパリからも追放されることになった。マルクスは、『フォアヴェルツ!』という雑誌に先述のルーゲ批判の論文を発表していたが、その論文の内容がプロイセン政府を刺激したのである。

プロイセン政府はフランス政府に圧力をかけ、マルクスに国外退去命令が出された。一八四五年二月、マルクスはブリュッセルに亡命した。この亡命にあたってマルクスは、ベルギー政府にたいして政治的な論文を発表しない旨を誓約しなければならなかった。

パリ滞在中、マルクスは一貫してフォイエルバッハの感性的人間の哲学、そのヒューマニズムを賞賛してきた。バウアーらの抽象的な自己意識の哲学を批判するには、感性的人間の立場に立たなければならないと考えていたからである。しかし、いまやマルクスはこのフォイエルバッハの感性的人間の哲学にたいしても批判の矛先を向け始める。

最初のきっかけは、青年ヘーゲル派の論客の一人、マックス・シュティルナーによる批判である。

シュティルナーによれば、バウアーにしろ、フォイエルバッハにしろ、「普遍的本質」や「類的本質」というかたちで、現実の個々人からは疎遠な存在を理想的実体に祭り上げてしまっている。この点ではフォイエルバッハの哲学的概念を継承するマルクスも変わりがない。しかし、なされなければならないのは、どのようなものであれ、生身の個人である「唯一者」から乖離した実体を批判することである。こうして、シュティルナーは自我の立場を徹底するエゴイズムを主張したのであった。実存主義哲学の先駆とも言われるゆえんである。

もはや啓蒙主義からの離脱を始めていたマルクスにとって、シュティルナーの批判は啓蒙主義の一変種でしかなく、内容的には痛くも痒くもなかった。とはいえ、『独仏年誌』や『聖家族』においてフォイエルバッハの概念に依拠し、それを賞賛しているため、フォイエルバッハと同じ弱点を共有しているという誤解をうけるおそれがあることは事実であった。このことにマルクスは気づく。

マルクスの真意は、あくまでフォイエルバッハの感性的人間の哲学により、啓蒙主義を脱却することであった。ところが、フォイエルバッハじしんは依然として啓蒙主義の立場に立っていた。感性的人間の哲学により、宗教を信仰している人々を啓蒙し、人々を宗教から解放するのがフォイエルバッハの目的であったからだ。

こうして、マルクスは、自分たちの立場を鮮明にするには、いまやフォイエルバッハをも批判しなければならないという認識に達したのであろう。しかも、ブリュッセル到着後、このことを後押しする出来事があった。それは、フォイエルバッハからの手紙とヘルマン・クリーゲとの論争である。

エンゲルスの証言によれば、共産主義への協力を呼びかけるエンゲルスの手紙にたいして、フォイエルバッハはこう返答した。「自分が著述家として共産主義を主張するほどまでに共産主義に取り組むことができるようになるには、はじめに宗教的な汚物を徹底的に根絶してしまわなければならない」。

さらに、マルクスは、フォイエルバッハと近い立場にあったクリーゲがブリュッセルに滞在していたので、交流し、論争を繰り広げた。このときの両者の論争についてクリーゲはフォイエルバッハ宛の手紙で次のように報告している。

彼ら［マルクスとエンゲルスを指す］はヒューマニストであろうとし、プロレタリアートの機械への転化に熱心に反対するが、にもかかわらず人間についてのけちくさい物質的な見方をもっている。そのため、彼らはまたおよそ人間自身を認める勇気をもちえないのである。

（一八四五年四月一八日付）

クリーゲの見解は、まさに真正社会主義のそれであった。真正社会主義とは、フランスの社会主義思想にフォイエルバッハの感性の哲学を接合したものであり、「人間」を感傷的な美辞麗句でもって称揚するだけで、人間が現実に生活する実践的な社会関係を直視しようとしなかった。

こうして、マルクスは、フォイエルバッハの哲学もまた根本的に批判されなければならないことを悟る。フォイエルバッハのような仕方で感性的人間を称揚することは、むしろ社会変革に対立するものであることにマルクスは気づいたのである。

そこで、マルクスは手帳に「フォイエルバッハに」という表題をつけて、一一のテーゼを書き付けた。これが、有名な「フォイエルバッハ・テーゼ」である。

†「フォイエルバッハ・テーゼ」の「新しい唯物論」

「フォイエルバッハ・テーゼ」にはおおむね、以下のようなことが書かれている。

フォイエルバッハはヒューマニズム的な理念によって人々の誤った意識を啓蒙し、変革しようとする。だが、人々の意識のあり方は、むしろ現実世界のあり方の反映にすぎない。すでに「ヘーゲル法哲学批判序説」で喝破していたように、宗教という意識のなかでの疎外もまた、現実世界の疎外を反映したものにほかならない。

そうだとすれば、自己意識であれ、感性的人間であれ、唯一者であれ、なんらかの「正しい理念」を主張し、それによって人々の誤った意識をただすという方法では社会を変革することはできない。むしろそうした意識を生み出す現実世界のあり方、現実の生活や労働のあり方こそを理論的に分析し、変革しなければならない。

しかも、啓蒙主義は社会変革にとって有効でないというだけではない。むしろ害悪にさえなりうる。どれほど「現実」や「人間」を主張しようとも、啓蒙主義は現実の社会になんらかの理想を対置することで満足し、現存の社会システムを具体的に分析しないからだ。たとえば、フォイエルバッハやクリーゲは疎外された現実に感性的人間を理念的に対置するにとどまり、この感性的人間たちがどのような現実的関係で生活し、労働しているかに目を向けようとしない。感性的人間たちが実際にどのように生活し、労働しているかを分析することができなければ、現在の私的所有のシステムがもっている特殊な性格を理解することはできない。

それゆえ、マルクスは次のように書き付ける。

直観的唯物論、つまり感性を実践的活動として把握しない唯物論が到達する最上のものは個別的な個人の直観であり、ブルジョア社会の直観である。

たとえば、啓蒙主義的発想にとらわれている人は貧困や格差の問題をヒューマニズム的に弾劾することに満足してしまい、この貧困や格差を生み出しているブルジョア社会そのものを問わない。だからこそ、ただ直観することによって人々を啓蒙しようとする立場は、たとえそれが唯物論であったとしても、ブルジョア社会の直観、あるいはブルジョア社会でバラバラにされてしまっている私的個人の直観にとどまってしまうのである。

ここで言われているのは、啓蒙主義の不十分性だけではない。つまり、人々を啓蒙するだけでは駄目だ、というのではない。「なぜ、いかにして」疎外が生まれるのかを問わない、啓蒙主義の問題構成じたいに内在する根本的欠陥を指摘しているのである。

そして、締めくくりの一一テーゼにマルクスはつぎのように書いた。

哲学者たちはただ世界をさまざまに解釈してきただけである。肝心なのはそれを変革することである。

このあまりに有名なテーゼは、たんに理論的営みを批判して、実践を称揚しているのではない。マルクスは社会変革にとっての理論の意味を青年ヘーゲル派とはまったく違った仕方で把握しようとしているのだ。

マルクスにとって、世界を解釈し、なんらかの「正しい理念」（たとえば、自己意識、感性的人間、唯一者）を見いだし、それによって誤った理念にとらわれた人々を啓蒙するのが理論の役割なのではない。そうではなく、むしろ既存のイデオロギーや社会のあり方を生み出している現実的諸関係を分析し、変革の可能性と条件を明らかにするのが理論の役割なのである。

平たく言えば、理論の役割は「なにが間違っているか、なにが正しいのか」を明らかにすることではなく、「なぜ、いかにして疎外が生じているのか」を現実の諸関係から明らかにすることであり、それをつうじて、どこでどのように闘えば社会を変えることができるのかを示すことなのだ。

理論を盲信してはならない。いくら「正しい」理論を提唱したからと言って、それで社会を変革することができるわけではない。あくまで変革をおこなうのは現実の人間であり、だからこそ、この現実の人間たちが実際に生活し、労働する現実的諸関係を分析することが変革にとって決定的な意味をもつ。そしてそのためには、世界の本質は「なに」なのか、「なに」が正しいのかを問うのではなく、「なぜ、いかにして」世界が現にあるような形態で存在するのかを問わなければならない。これがマルクスのメッセージなのである。

このような立場に立ったとき、マルクスにとってもはや哲学は乗り越えるべき対象でしかなかった。

†哲学からの離脱

もとより、マルクスは『経済学哲学草稿』において哲学批判を開始していた。しかし、そこで批判の対象とされているのは哲学の思弁性であり、抽象性であった。フォイエルバッハの感性的人間の哲学は「新しい哲学」であるとされ、賞賛されていた。

だが、いまやマルクスはさらに徹底的な「哲学的良心の清算」に乗り出す。マルクスは、ブリュッセルで合流したエンゲルスとともに『ドイツ・イデオロギー』を執筆し、次のように哲学を批判する。

フォイエルバッハは他の競争者たちと同様に、哲学を克服したと信じ込んでいる！これまで個人を抑圧してきた普遍的なものに対する戦いは、ドイツの哲学的批判の立場を要約する。われわれは、この戦いが、それが行われるやり方において、それじたい哲学的幻想（哲学的幻想にとってはこの普遍性が一つの力であったのだが）に基づくものであることを主張する。

マルクスによれば、フォイエルバッハやシュティルナーは思弁的で抽象的な哲学に「感性的人間」や「唯一者」を対置することでそれを克服したと考えるのであるが、実際には、そのような哲学に対する「戦い」もその「やり方」も「哲学的幻想」に基づくものでしかない。

なぜなら、その「戦い」は、抽象的な普遍的理念がそれじたいで個人を抑圧する現実的な支配力を持つという幻想に基づいた理念への闘争にすぎないからだ。それゆえまた、その戦いの「やり方」も抽象や普遍を頭の中から叩き出すか、別の善き理念に取り替えればよいというような啓蒙主義に陥ってしまう。

ここでのマルクスの哲学批判は、ただ哲学の抽象性を批判することでは決してない。むしろ、マルクスにとっては、そうした抽象や普遍がなぜ諸個人に対して疎外態として立ち現れるのかを現実的諸関係から明らかにすることが哲学批判たりうる。というのも、そのような批判こそが現実的諸関係の変革に資することができるからである。

もちろん、マルクスが哲学を批判し、乗り越えたということは、マルクスが哲学の意義を否定したということではない。マルクスは生涯、哲学を思考の武器として使い続ける。

それは、文学者になることを諦めたマルクスが、文学をレトリックの武器として使い続けたのと同じことだ。

じっさい、『資本論』の草稿の執筆にあたってはヘーゲルの論理学が大きな役割をはたしており、マルクスはみずから「ヘーゲルの弟子」を自認しているほどである。むしろ、マルクスにとっての哲学の重要性は、その哲学批判を理解することによって、十分に理解することができるようになる、といえるだろう。

いずれにせよ、この時期にマルクスの理論的構えはほぼ確定される。これ以降、理論の内容は晩期にいたるまで著しい発展を遂げていくが、変革にとっての理論の位置づけという意味では、マルクスはこの理論的構えを維持し続ける。マルクスはここで確立したみずからの立場を「新しい唯物論」と名付けた。この「新しい唯物論」をマルクスが維持し続けたことは、次の『資本論』の一節からも明らかであろう。

じっさい、分析によって宗教的幻影の現世的核心を見いだすことは、逆に、その時々の現実的生活諸関係からその天国化された諸形態を説明することよりもずっと容易である。後者が唯一の唯物論的な、したがって科学的な方法である。(『資本論』第一巻)

フォイエルバッハのように、宗教の現世的核心が人間であるということを指摘するだけでは唯物論とは言えない。むしろ、人間たちが生活する現実的諸関係からそのイデオロギー的諸形態を説明することこそが、「唯一の唯物論的な方法」である。

このような「新しい唯物論」によって、社会システムをラディカルに分析する方法を確立したことが、若きマルクスにとって決定的だったのである。

†新たな変革構想と「唯物史観」

「新しい唯物論」を確立したマルクスは、二年ほどのあいだに、それまでのどんな左派ともことなる画期的な変革構想を打ち立てた。哲学的発想の残滓のために依然として抽象性をおびていた『経済学哲学草稿』の変革構想を乗り越え、哲学的語彙にいっさい頼ることなく、「唯物史観」といわれる、より具体的なヴィジョンを確立するのである。

『ドイツ・イデオロギー』(一八四五~四七年)において練り上げられ、『哲学の貧困』(一八四七年)、『共産党宣言』(一八四八年)において示された、この変革構想についてみておこう。

いまや哲学的問題構成から完全に離脱したマルクスにとって、なんらかの理念から出発して、変革を構想することは問題にならない。たとえば、実現すべき社会モデルや規範があらかじめあって、それを実現するといったような変革構想をマルクスはけっしてとらない。端的にいって、そのような変革構想は実現不可能だからだ。

では、マルクスはなにを出発点として変革を構想するのか。マルクスが注目するのは、物質的生活の再生産である。

たしかに人間は高度な自己意識をもつという点で動物と区別される。とはいえ、やはり動物と同じように、なんらかの食料を確保しなければ生命をつないでいくことはできないし、生殖活動をしなければ子孫をのこすことはできない。自己を意識し、思考するという精神的な営みも、物質的な生産活動から切り離して考えることはできない。人間たちはいかに高度な自己意識をもち、知的活動をおこなおうとも、ひとつの生命有機体として自分たちの生命を再生産するための物質的な諸条件に制約されている。それゆえ、人間社会について考える際には、なによりもまず、その社会においてどのように人間たちの物質的生活が再生産されているのか、その仕方に着目しなければならない。

物質的生活の再生産のあり方は、人間が生産活動をおこなう際に、人間同士のあいだで取り結ぶ関係、すなわち生産関係のあり方によって変わってくる。人間は、動物と違い、ただ群れをなすだけでなく、人間同士の関わり方を変化させていく。

たとえば、原初的な社会においては、人間たちは共同体を形成し、誰もが共同体のメンバーとして労働し、生産物を共有物として生産するという生産関係が成立していた。しかし、この生産関係は時代とともに、原初的共同体、奴隷制、封建制、資本主義というように変化していった（ただしこの時点ではマルクスは資本主義という用語は使っていないし、後には歴史の発展についての見方はもっと複雑になっていく）。

では、この生産関係はなにを動因として変化していくのか。生産力の発展である。すでにみたように、人間たちは自己意識をもつ存在であるから、物質的再生産のあり方を技術的に変化させ、徐々に労働の生産力を上昇させていく。そして、生産力が上昇していくと、ある時点で既存の生産関係とうまく合致しなくなり、それと衝突してしまう。すると、この衝突が政治的な意識に反映し、生産関係は生産力に照応するかたちに変革される。

たとえば、封建制の内部で生産力が発展し、剰余生産物（生産者自身の生活に必要とされる以上の生産物）が増大すると、それが商品として販売されるようになり、貨幣経済が浸透していく。そうすると、より自由に商業活動を営みたいという要求が高まり、封建的規制の撤廃を求める政治運動が台頭する。そして、市民革命などの政治的変革をつうじて生産関係が変革され、ブルジョア的生産関係、すなわち資本主義的生産関係が生まれてくる。

†ブルジョア的生産様式の限界

この新たに生まれてきたブルジョア的生産関係は、それ以前の原初的共同体や奴隷制、封建制とは異なる特徴をもっている。それ以前の生産関係が基本的に直接的な人格的依存関係にもとづいていたのにたいし、ブルジョア的生産関係は直接的には金銭関係、商品と貨幣との関係にもとづいている。そこでは、人間たちは金銭関係を媒介として、互いに関係し合うのである。売り手と買い手、貸し手と借り手、雇い主と賃労働者、すべて商品と貨幣を媒介として関わり合う。

こうして、それまでは政治的権威や宗教的権威によって扮装されていた搾取関係が、たんなる金銭関係に置き換えられ、利害関係が露骨に現れてくる社会になる。ブルジョアジーはたえずより大きな利潤をえるために競争し、競争に打ち勝つためにたえず生産用具や生産方法を改良し、生産力を高めていく。そして、生産した商品を販売するための販路を拡大するために、世界中にブルジョア的生産様式を普及させ、世界市場が形成される。ブルジョアジーは、競争に強制されて、かつて人類が成し遂げたことのない、巨大な生産力の発展をグローバルに推し進めていくのである。

しかし、このブルジョア的生産様式においても、封建制と同じように、ある一定の段階で生産力と生産関係が衝突する。資本主義は自らが生み出した巨大な生産力を制御できなくなるのである。

このことについて見事に描いた『共産党宣言』の一節を引用しておこう。

ブルジョア的生産関係と交通関係、ブルジョア的所有関係、すなわちこのように強大な生産手段と交通手段とを魔法でよびだした近代ブルジョア社会は、自分がよびだした地下の魔物を、もはや統御しきれなくなった魔法使いに似ている。この数十年来、工業と商業の歴史は、もはやブルジョアジーとその支配の生存条件である近代的生産関係、所有関係にたいする近代的生産力の反逆の歴史でしかない。これには、周期的にくりかえされるごとにますますはなはだしく、全ブルジョア社会の存立をおびやかす商業恐慌をあげれば十分である。恐慌期には、これまでのどの時代の目にも不条理と思われたであろう社会的疫病、すなわち過剰生産の疫病が発生する。社会は突然一時的な野蛮状態につきもどされたことに気づく。なにか飢饉が、なにか全般的な破壊戦争が、社会からいっさいの生活資料の供給を断ったかのようにみえる。工業も商業も破壊されたようにみえる。いったいなぜか？　あまりにも多くの文明、あまりにも多くの生活資料、あまりにも多くの工業、あまりにも多くの商業を、社会がもっているからである。社会の使用にゆだねられている生産力は、もはやブルジョア文明とブルジョア的所有関係を促進する役には立たない。反対に、この生産力は、この所有関係にとって強大になりすぎてしまい、それによってさまたげられている。そして、生産力がこの障害にうちかつやいなや、それは全ブルジョア社会を無秩序におとしいれ、ブルジョア的所有の存立をあやうくする。ブルジョア的諸関係はあまりにも狭くなって、自分の作り出した富をいれえなくなった。

こうして、ブルジョア社会のもとで成長した生産力とブルジョア的生産関係が衝突するにいたる。ブルジョアジーはこの衝突を、さらに市場を拡大することによって克服しようとするが、それは結局、より全面的な恐慌を準備し、恐慌を予防する手段を少なくすることにしかならない。「ブルジョアジーが封建制度を倒すためにもちいた武器が、いまやブルジョアジー自身にむけられる」(『共産党宣言』)。

†自由の条件としてのアソシエーション

だが、ブルジョアジーは、自らを葬り去る武器を鍛え上げたばかりではない。この武器をとる人々をも作り出した。プロレタリアートである。

プロレタリアートは、奴隷や農奴のように人格的依存関係には縛られていないが、他方で、労働力以外に売るものを何も持たない無所有者になってしまっている。彼らは、ブルジョア社会の経済変動の影響をもっとも受けやすく、たえず貧困に陥る可能性にさらされている。しかも、生産力増大のための手段として機械などの導入が進んでいくと、仕事の中身が単純労働になり、賃金労働者の立場はますます弱くなり、労働条件はいっそう過酷になっていく。

しかし、彼らは賃金労働者として生きていくために、団結して闘うことを覚える。はじめは一時的な、そして徐々に持続的な結社を形成する。自分たちのあいだでの競争を抑止することによって、ブルジョアジーにたいして労働条件の改善を要求するのである。自発的に結社を形成することをアソーシエイトといい、アソーシエイトによって形成された結社のことをアソシエーションというが、まさにプロレタリアートは自らの生活をまもるために労働組合というアソシエーションを形成していく。

もちろん、ブルジョア的生産様式において、賃労働者はたがいに競争させられているので、この団結は永続的なものではありえず、たえず分裂させられる。労働者が団結することによって勝ち取る勝利は一時的なものでしかない。それでも、労働者は生活を防衛するための闘いの経験から、アソシエーションの重要性をまなんでいく。

団結は、つねに一つの二重目的、すなわちなかま同士の競争を中止させ、もって資本家に対する全面的競争をなしうるようにするという目的をもつ。たとえ最初の抗争目的が賃金の維持にすぎなかったにしても、つぎに資本家のほうが抑圧という同一の考えで結合するにつれて、最初は孤立していた諸団結が集団を形成する。そして、つねに結合している資本に直面して、アソシエーションの維持のほうが彼らにとって賃金の維持よりも重要になる。

（『哲学の貧困』）

このようなアソシエーションを形成していくなかで、やがて賃労働者たちはみずからを一つの階級として組織し、資本家階級との政治闘争を行う必要性を自覚していく。さきにのべた生産力と生産関係の衝突が人々の政治的な意識に反映し、労働者階級の政治的立場に合流する人々をふやしていく。こうして、労働者階級の政治闘争は革命的闘争になる。

この革命の第一歩は、「プロレタリアートを支配階級に高めることであり、民主主義をたたかいとることである」（『共産党宣言』）。支配階級となったプロレタリアートは近代ブルジョア社会の根本的変革に取り組む。

第一に、生産関係を私的所有のシステムにもとづくものから、アソシエーションにもとづくシステムに転換する。このシステムにおいては、人々の生産活動が市場に翻弄されるのではなく、逆に、自由にアソーシエイトした人々が生産活動を制御する。

第二に、近代的二元主義にもとづく近代国家という政治システムをも変革する。プロレタリアートが支配階級となるということは、たんに労働者を支持者とする政党が政治権力を握るということではない。それは、より民主主義的な政治システムの形成でなければならない。この新たな政治システムのイメージを、のちにマルクスは一八七一年のパリ・コミューンからつかむことになる。

このような生産関係および政治システムが形成されれば、プロレタリアートは支配階級である必要がなくなり、やがて社会システムは政治的性格を失う。こうして、「階級と階級対立とをともなう旧ブルジョア社会にかわって、各人の自由な発展が万人の自由な発展の条件となるようなひとつのアソシエーションがあらわれる」(『共産党宣言』)。

†経済学批判へ

さて、これまで私たちは、文学に夢中であった大学一年生のマルクスが、青年ヘーゲル派との対決、ジャーナリストとしての活動、経済学の研究などをつうじて、ついに「新しい唯物論」とそれにもとづく変革構想を確立したところまでみてきた。この間、わずか一〇年である。この時点で、マルクスの社会システムの分析視角と変革の基本構想は定まったと言える。

いまや、私たちは、冒頭に掲げた『資本論』の一節の意味を明確に理解することができる。

たとえある社会が、その社会の運動の自然法則への手がかりをつかんだとしても――そして近代社会の経済的運動法則を暴露することがこの著作の最終目的である――その社会は、自然的な発展諸段階を跳び越えることも、それらを布告によって取り除くこともできない。しかし、その社会は産みの苦しみを短くし、やわらげることはできる。

変革の根拠は、頭のなかででっち上げることのできるようなものではない。それは、あたかも、子供が母親の胎内で孕まれるように、私たちが生きる社会のなかに孕まれる。先に見た、生産力と生産関係の衝突という客体的な要素、そして、プロレタリアートのアソシエーションという主体的な要素がそれである。マルクスはパリ・コミューンについて論じた『フランスの内乱』でこう述べている。

彼らは実現すべき理想をもっているのではない。彼らはただ、崩壊しつつあるブルジョア社会自身が孕んでいる、新しい社会の諸要素を解放しなければならないだけである。

新しい社会の諸要素が形成されていなければ、政治的な権力によってどんな「布告」を出そうとも、新しい社会を生み出すことはできない。胎児が未成熟な段階では母親が子供を産むことができないのと同じである。だとすると、「社会の運動の自然法則」を理解することの意味はどこにあるのか。「産みの苦しみを短くし、やわらげること」にある。

母親が胎児を産み落とすときに、「いきみ」が必要であるように、私たちがブルジョア社会の内部で孕まれる新しい社会を実際に生み出すにあたっては人間たちの主体的な努力が必要とされる。そして、その際、母親が陣痛で苦しむように、格差や貧困の増大、恐慌の激化、環境破壊の進行などさまざまな「産みの苦しみ」に直面するだろう。場合によっては、出産と同様に、流産の危険さえも存在する。

このとき、あたかも医学が陣痛の苦しみをやわらげ、流産の危険を減少させることができるように、「社会の運動の自然法則」を理解する社会科学は社会変革にとって有効な諸実践を明らかにし、「産みの苦しみを短くし、やわらげ」、流産の危険を減少させることができる。いわば『資本論』は、新しい社会を産み落とすための医学なのである。

だが、以上の説明だけでは、どのような実践が「産みの苦しみを短くし、やわらげること」ができるのかについては、まだ十分に示されていない。それについて示すには、『資本論』の具体的内容に立ち入らなければならない。

マルクスは一八五〇年以降の『資本論』を執筆するための取り組みをつうじて、自らの理論をさらに発展させ、変革構想により深い彫琢を加えていく。誤解されることが多いが、『資本論』はたんに『共産党宣言』の結論を経済学的に証明した書ではない。「新しい唯物論」とそれにもとづく変革構想を「導きの糸」にしながらも、マルクスはさらに先に進み、資本主義的生産様式をその根本からトータルに把握し、変革にとって有効な実践のあり方を示すのである。

次章では、いよいよ『資本論』の内容に入っていくことにしよう。

第2章 資本主義の見方を変える［1848〜1867年］

――マルクスの経済学批判

†四八年革命の動乱から資本主義の中心地へ

新たな変革構想を確立しつつあったマルクスは、一八四六年初頭、ブリュッセル共産主義通信委員会を設立した。パリ、ロンドン、ケルンなど各地のドイツ人活動家たちと連絡をとり、共産主義者のネットワークを形成しようとしたのである。

当初、組織化はうまく進まなかった。マルクスが苛烈に真正社会主義者たちを批判したことが反発を買ったり、思わぬところで個人的ないざこざが起きたりしたためだ。プルードンにも協力を呼びかけたが、拒絶された。これがきっかけで、マルクスは『哲学の貧困』というプルードン批判の書を著すことになる。

だが、この試みは無駄にはならなかった。多くのドイツ人労働者が在住するロンドンの共産主義者とのネットワークをつくることに成功したからだ。彼らはすでにパリに本部をおく義人同盟という秘密結社を発足させていたが、この本部をロンドンに移し、組織を改組するさいにマルクスの助力を仰いだ。マルクスは組織の民主化を条件に、一八四七年一月、エンゲルスとともに同盟に加入し、翌年、新組織「共産主義者同盟」のための綱領を執筆した。これこそが、あの名高い『共産党宣言』にほかならない。

他方で、マルクスは、ブリュッセル共産主義通信委員会を同盟の一支部に改組してその支部長となり、ブリュッセルに公然組織であるドイツ労働者協会や民主主義協会を創立するなど、組織化を着々と進めていった。

ところが、この試みは突然中断される。一八四七年の恐慌の影響をうけ、全ヨーロッパ的な革命が勃発したからである。いわゆる四八年革命である。四八年二月にはヨーロッパの中心地であったパリで革命が起こったため、ベルギー政府は亡命革命家たちを追放しようとした。マルクスも三月四日にベルギー政府に逮捕され、翌日追放された。

ブリュッセルを追われたマルクスが向かったのはパリであった。革命によって成立したフランス臨時政府は、かつての追放令を撤回していた。マルクスは、パリの共産主義者同盟の活動に加わり、同盟員たちのドイツへの帰国を組織した。ドイツでも三月に革命が勃発しており、自由に活動する余地が生まれていたからだ。

さらにマルクスは、シンパが多く残っていたケルンに向かい、かつて

『共産党宣言』表紙

の『ライン新聞』の後継紙である『新ライン新聞』を発刊し、革命の進展のために奮闘した。『新ライン新聞』の発行部数は五〇〇〇部をこえ、ドイツ最大の新聞の一つになった。マルクスはケルンの政治運動にも積極的に参加し、大きな影響を与えた。

当初、マルクスは、まずもって封建社会の残滓を一掃し、ドイツ統一を実現するブルジョア革命が成し遂げられなければならないと考え、あらゆる民主主義勢力が結集する必要性を力説した。ところが、一〇月以降、弾圧が強まり、革命運動が下火になってくると、マルクスはドイツのブルジョアジーにブルジョア革命を徹底的に遂行する能力が欠けていることを悟り、プロレタリアートの階級闘争の重要性を強調するとともに、フランスの革命に期待をかけた。

革命運動の沈静化とともに自信を回復したプロイセン政府は、四九年五月、ふたたびマルクスを追放した。マルクスは革命間近だと考えていたパリに向かったが、フランスでも革命の波は後退しており、反動化が進んでいた。マルクスは当局からパリからの退去を求められ、家族とともにロンドンに移住することを決断する。

ロンドンに移住した当初、マルクスは近いうちにヨーロッパでふたたび革命が勃発する可能性が高いと考え、亡命ドイツ人活動家の組織化のために積極的に動いた。再建された共産主義者同盟の中央委員会の議長に就任し、ドイツでの同盟の再建にも着手した。

だが、マルクスは研究をつうじてヨーロッパ経済が好況期に入ったことを確認し、短期的には革命が起こりえないことを確信するようになった。この情勢判断をめぐって論争が起き、同盟は分裂する。他方、五一年五月にケルンで大規模な弾圧が行われ、ドイツの組織は事実上壊滅してしまった。

一八五一年一二月にルイ・ボナパルトがクーデターを起こし、四八年革命にとどめを刺すと、マルクスは『ルイ・ボナパルトのブリュメール一八日』を著し、フランスの革命を総括した。「いま、社会はその出発点よりも後退してしまったようにみえる。実際には、社会は革命的出発点を、すなわちそのもとでのみ現代の革命が真剣なものとなる状況、諸関係、諸条件をはじめて作り出さなければならなかったのである」。

一八五二年一一月、マルクスは会議で同盟の解散を提案し、了承された。この後一〇年ほどのあいだ、マルクスはいかなる政治組織にも属さなかった。マルクスは、資本主義の中心地ロンドンで経済学研究に主要な努力を傾け、変革構想をさらに鍛え上げていくことになる。

†経済学研究の日々

ロンドンに到着したマルクスは、経済学研究を再開した。大英博物館の入場券を手に入れたマルクスは、経済関係の著作や雑誌を渉猟し、膨大な量の抜粋ノートを作成した。とはいえ、マルクスは『資本論』の完成へと一直線に進んでいったわけではない。経済的な貧窮、家庭内でのトラブルなどがマルクスを悩ませ、しばしば意気消沈させた。

『資本論』第一巻表紙

とくにマルクスがロンドンに到着してからの数年間はかなりの貧困状態にあった。『新ライン新聞』をたたむ際にマルクスはかなりの負債を自腹で負担したうえに、自尊心から亡命者にたいする支援金を受け取ろうとせず、かといって定職もない状態であった（もちろん、多くの伝記作家が指摘しているように、家政婦や家庭教師を雇うなどといったヴィクトリア時代の中産階級的な生活を前提としたうえでの貧困ではあったが）。経済状態は遺産相続やエンゲルスの援助で改善されていったが、それでも六〇年代に至るまで、マルクスはつねに金策に悩まされることになる。

このような貧困を背景にして、家庭生活でもマルクスは落胆することが多かった。おそらくは当時の劣悪な住環境の影響もあり、ロンドンで生まれた三人の子供のうち二人は、生後まもなく死んだ。さらには、一人息子であったエトガルを八歳で失うという悲劇にみまわれた。マルクスに与えた精神的打撃は相当なものだったという。

もともと身体が丈夫ではなかったマルクス自身もたびたび病気で苦しんだ。いったん集中しだすと、昼夜をとわず執筆を続けるという仕事のスタイルは、年齢を重ねるにつれ、マルクスの身体を蝕んでいった。妻のイェニーも病気がちであり、さまざまな気苦労ゆえに家庭内でトラブルが起こることもしばしばあった。

最悪の貧困状態は、マルクスが一八五二年に『ニューヨーク・デイリー・トリビューン』の特派員の仕事を引き受けることによって脱することができた。マルクスは一〇年間この仕事を続け、彼の記事は高い評価をえた。マルクスがこの機会をつうじてグローバルに政治経済を分析したことは大きな実りをもたらしたが、他方では、経済学にたいする集中的な取り組みが妨げられることにもなった。

生活上の困難にもかかわらず、マルクスは自分の目的を見失うことはなかった。「僕は僕の目的をたとえ火の中、水の中でもあくまでも追い続けなければならないし、ブルジョア社会のために僕が金もうけの機械になってしまうということになってはならないのだ」(一八五九年二月一日のヴァイデマイアー宛の手紙)。マルクスは自らの変革構想を鍛え上げるために、経済学研究を前進させ続けた。

一八五七年に発生した恐慌に刺激をうけたマルクスは、一年足らずのあいだに『経済学批判要綱』という驚くほど浩瀚な草稿を書き上げた。これは後の『資本論』の最初の草稿であり、豊富なアイデアを含んでいた。この『要綱』を基礎として、マルクスは一八五九年に『経済学批判』を刊行した。もっとも、これは商品論と貨幣論だけに限られていた。

マルクスはさらに研究を深め、続刊の執筆に取り組んだ。この取り組みは『六一年―六三年草稿』と呼ばれるが、このなかでマルクスは新たに理論体系のプランを組み直し、これにもとづいて『資本論』の草稿を仕上げていった。「自分が書き上げたものを四週間たって読み直すと僕には不満な点が目について、もう一度全部書き直す」（一八六二年四月二八日のラサール宛の手紙）と述べているように、マルクスは納得するまで問題を考え抜いた。マルクスは理論において妥協することは一切なかった。このような長きにわたる、徹底的な取り組みをつうじて、ようやく完成したのが『資本論』第一巻なのである。

†経済学批判としての『資本論』

では、マルクスが渾身の力をこめて書き上げた『資本論』とはどのような著作であったのだろうか。

『資本論』については、これまであまりに多くのことが語られてきた。カビのようにこびりついた先入観も存在する。だが、そのような先入観はいったん全部捨ててほしい。

現代の私たちにとって重要なのは、高名な学者がどのようにマルクスを解釈したかとか、マルクス経済学の教科書にどのように書いてあるかということではない。重要なのは、新たな変革構想を獲得したマルクスが、それを「導きの糸」にしながら、いかに資本主義的生産様式を分析し、そこにどのような変革の契機を見いだしたのか、ということである。

『資本論』の目的は、しばしば誤解されるように、たんに搾取や恐慌のメカニズムをつまびらかにし、資本主義を糾弾することにあるのではない。むしろ、資本主義そのものを問わない既存の経済学の見方を根本的に批判し、なぜ、いかにして資本主義的生産様式が現にいまあるように成立しているのかをその根底から把握すること、そのことによって変革の可能性と条件を明らかにすることこそが、その目的である。

その意味で、『資本論』はたんなる経済学の書ではない。その副題が示すように、先行する経済学の成果を摂取しつつも、それらを徹底的に批判し、資本主義的生産様式を自明視する見方を根底から覆す経済学批判でもある。『資本論』は私たちが当然だと考えている経済活動の見方を根本から変えることを読者に要求する書物なのだ。そこに、『資本論』の最大の魅力があり、難しさがある。

以下では、このような経済学批判としての『資本論』について概説していこう。もちろん、あれほどの大著の全部をこの紙数で要約することはできないので、とくにマルクスの変革構想に関連する箇所について重点的に説明していくことにしよう。

『資本論』の見方①——商品の秘密

†商品には資本主義の謎が隠されている

『資本論』は、商品の分析から始まる。

資本主義社会では、私たちが消費する富の大部分は商品という形態をとっている。この商品という最も基本的な富の形態を理解することなしには、貨幣や資本、利潤や利子などといったより高度な経済的カテゴリーについて理解することはできない。

だから、商品の分析は資本主義的生産様式の分析の基礎をなすものであり、とくに念入りな理解が必要とされる。これを理解することなしには『資本論』全体が理解できないと言ってもよいくらいだ。

とはいえ、このように力説したところで、『資本論』の初学者にはおそらくピンとこないだろう。「商品などという退屈な話はやめて、はやく資本家による搾取や恐慌についての説明をしてほしい」と思う人もいるかもしれない。

だが、じつは商品をきちんと理解できるかが、資本主義を根底から理解できるかどうかの分かれ目なのである。

現在の経済システムにはさまざまな問題がある。若者がブラック企業によって長時間労働に従事させられ、使い捨てられる。就職難が慢性化し、非正規労働者の割合が増え続けている。実体経済に比して金融経済が肥大化し、周期的にバブルがおこり、それがはじけるたびに大量の失業者が発生する。

これらはすべて資本主義に固有な問題であり、第1章でもみたように、その根本原因は利益優先の経済システムになってしまっていることにある。カネのために人間の生活が犠牲にされ、社会が混乱してしまうのである。

では、このような経済システムの特殊な性格はどこから生まれてくるのだろうか。それこそが、商品生産なのである。

資本主義とそれ以外の社会システムとの最大の違いは、商品生産が全面化しているかどうかという点にある。たしかに、人類はすでに古典古代や中世にもそれなりの規模で商品交換をおこなっていた。しかし、それでも商品生産は社会全体を覆い尽くしてはいなかった。資本主義社会になってはじめて、商品生産が全面化し、生活必需品の大半が商品として交換されるようになるのである。

生活に必要な物の大半が商品として生産され、消費されるようになると、人々の暮らしは一変してしまう。一面では、封建的な束縛がなくなり、自由競争がおこなわれるので、生産力が飛躍的に増大し、人類が享受することができる物質的富が増大する。

ところが、他方では、人間的な絆が金銭関係に置き換えられていくので、人々の運命は経済の好不況に大きく左右されるようになり、不安定になる。失業すると、住む場所さえ失ってしまいかねない無所有の賃労働者が大量に生まれる。機械の導入によって賃労働者どうしの競争はますます厳しくなり、低賃金、長時間労働が蔓延する。先に述べた現実の諸問題も、まさにこのような商品生産の全般化の帰結なのである。

だから、商品を理解することは、現実の資本主義の諸矛盾を理解するうえで非常に重要である。それどころか、商品にこそ、資本主義というシステムの謎が隠されていると言ってもよい。それゆえ、迂遠なようであるが『資本論』の冒頭で展開される商品論について紙幅がゆるすかぎり丁寧にみていくことにしよう。

†商品の価格はどう決まるのか

なんでもいいから商品を手にとって、みてみよう。まず、どんな商品も人間にとっての有用性をもっている。パンであれば食べることができるし、パソコンならインターネットをしたり、メールをしたりすることができる。このような商品がもつ有用性のことを使用価値という。

次に、商品には価格がついていることに気づく。誰でも知っているように、この価格に示されているカネを払えばその商品を買うことができる。このように、価格には商品がどのような交換比率で交換されるのかが示されている。この交換比率のことを交換価値という。たとえば、リンゴが一個一〇〇円でミカンが一個一〇円だったとすれば、リンゴの交換価値はミカンの一〇倍であると言える。

直感的に理解できるように、使用価値と交換価値は完全に別物である。リンゴの交換価値がミカンの一〇倍だったとしても、リンゴの使用価値がミカンの一〇倍であることにはならない。商品の交換価値をその使用価値から説明することはできない。

では、商品の交換価値はどのように決まるのだろうか。誰でも知っているように、需要と供給の関係によって決まる。みんな欲しがっているのに、十分な供給がないものは価格が高くなり、それほど需要がないのに、供給が多いものは価格が低くなる。

だが、これでは交換価値がどう決まるのかについての十分な説明にはならない。たとえば、どれほど需要があろうともガムが一〇〇〇万円で売られることはない。反対に、どれほど供給があろうとも新車の自動車が一〇円で売られることもない。こうした価格の違いが需給関係から説明できないことは明らかであろう。あるいは、需要と供給が一致している場合でも、価格は商品ごとに異なるが、その違いがどこから生まれてくるかということも需給関係からは説明できない。需給関係は、あくまで需要と供給が一致している場合の価格からの乖離を説明することができるだけなのだ。

では、需要と供給が一致しており、その影響をうけない場合の価格はどのように説明することができるのだろうか。マルクスに先行する古典派経済学者デヴィッド・リカードはそうした場合の価格を自然価格と呼び、自然価格は労働によって規定されると考えた。つまり、より多くの労働が費やされている商品ほど自然価格は高くなり、費やされる労働が少ない商品ほど自然価格は安くなる。いわゆる「労働価値説」である。

この労働価値説によれば、リンゴがミカンの一〇倍の自然価格をもっているのは、リンゴ一個を生産するにあたり、ミカン一個を生産するのに要した労働の一〇倍の労働を必要としたからだ、ということになる。もちろん、偉大な芸術家が描いた絵画のように、その物の生産が一回きりのもの、あるいは非常にわずかしかおこなわれないものは労働と無関係に価格が決まる。だが、市場で取引される商品の大多数は日々繰り返し生産されており、こうした商品については労働価値説があてはまるとリカードは考えた。

『資本論』も基本的にこの立場を受け継いでいる。ただし、マルクスは自然価格という言葉は使わない。かわりに価値という概念を用いる。この価値という概念は、『資本論』におけるもっとも基礎的な概念であり、ほんらいその理解はそれほどむずかしくないはずなのだが、実際にはほとんどの場合に誤解されてしまっている。しかし、この価値という概念を正確に理解しなければ、『資本論』を理解することはできない。そこで、以下ではこの価値についてなるべく丁寧に説明し、読者がありがちな誤解に陥らないようにしたい。

さしあたり、価値と交換価値は別物であるという点に注意を促しておこう。交換価値はそのときどきに商品がどんな交換比率で交換されるかを示したものである。そして、商品とカネの交換比率を示したものが価格である。いわば、価格は交換価値の一種である。

これにたいして、価値は商品の交換価値の変動、あるいは価格の変動の中心点である。価値の大きさは、交換価値や価格とは違い、需給関係とは無関係にその商品の生産に費やされた労働量によって決まる。商品価格、あるいは商品の交換価値は需給関係の影響をうけて変動するが、その変動の中心点は価値であるということになる。

†なぜ商品の価値の大きさは労働によって決まるのか

みてきたように、古典派経済学も、マルクスもいわゆる労働価値説の立場をとった。しかし、その内容はまったく異なっている。

リカードの労働価値説は、アダム・スミスの労働価値説を継承し、より論理的に首尾一貫させたものだと言えるが、そのスミスは労働が商品の自然価格を規定する理由を次のように考えた。

人間が物を生産するときには労働を費やさなければならない。そして、労働は人間にとって安楽を犠牲にし、「労苦と手数」を費やすことにほかならない。だから、人間たちが生産した商品を交換する際には、安楽を犠牲にして行われた「労苦と手数」がどれほどかを基準にしてなされることになるだろう、と。

こうして、スミスは、労働を犠牲だととらえたうえで、諸個人の意識のあり方から労働価値説を説明する。いわば主観的な労働価値説だと言って良いだろう。だが、このような労働価値説の説明には欠陥がある。たとえば、労働を犠牲と感じない人が楽しく働いて生産した物を商品として交換したとしたら、労働価値説は成り立たないということになってしまう。

あるいは、現実の資本主義社会においては自分で労働せずに、他人を雇って生産した生産物を販売するケースが大半であるが、このような場合もスミスの説明では労働価値説が成り立たないことになるだろう（じっさい、スミスはこのようなケースには支配労働価値説という別の説明の仕方をもちだしている）。

マルクスは、諸個人の主観からではなく、客観的な社会システムのあり方から価値を理解しなければならないと考えた。マルクスが注目するのは、社会の物質的な再生産である。

まず、どんな社会においても、社会を物質的に再生産するには、適切な労働の配分がおこなわれていなければならない。たとえば、労働可能な人口が一〇〇〇人からなる社会があり、一日一〇時間労働するのが標準的であったとすると、この社会の一日の総労働は一万時間である。かりに衣料生産産業、食料生産産業、住居生産産業という三つの産業部門があるとすると、この一万時間は社会の必要を満たすことができるように三つの産業に適切に配分されなければならない。もし配分に失敗して、あまりに多くの労働が食料生産に投下され、すこしの労働しか衣料生産に投下されなかったとすれば、食料があまり、衣料が不足してしまうことになる。

つぎに、生産された総生産物が社会のメンバーのあいだに適切に配分されなければならない。いくら社会にとって必要なものが無事生産されたとしても、一部の人間が生産物を独占し、多くの人が生産物を入手することができなければ、多くの人が生活していくことができず、社会が崩壊してしまう。

資本主義以前の前近代社会にはなんらかの共同体的秩序が存在したから、人間たちの自覚的な意志決定や伝統などによって、労働配分と生産物分配の問題を解決することができた。ところが資本主義社会ではそうはいかない。近代社会において共同体的秩序は基本的に解体している。個人はそれぞれの私的利害にもとづいて生産をおこない、生産物を市場で自由に交換しあうだけである。誰も社会的総労働の配分について考えていない。

そうであるにもかかわらず、資本主義社会が存続できているのは、市場それじたいに労働配分や生産物分配について無意識のうちに考慮することができる仕組みが備わっているからにほかならない。じつは、この仕組みによって、商品の価値は労働量によって規定されることになるのだ。

だが、人間たちが生産について自覚的に決定したり、伝統に従ったりする場合にくらべ、市場システムがどうして社会を存続させることができるのかを理解するのはむずかしい。じつは、経済学という学問が生まれたのも、この市場の仕組みの複雑さのためなのだ。では、それはどのような仕組みなのか。順をおって説明していこう。

†労働の二面的性格

この仕組みについて理解するには、まず、労働が二面的性格をもつということを理解することが重要である。マルクスによれば、どんな労働も有用労働と抽象的人間的労働という二つの性格をもっている。

たとえば、裁縫労働は衣料を生産するし、農業労働は食料を生産する。このように、使用価値を生み出すという観点からみたときの労働のことを有用労働という。私たちが「机を生産する労働と、ワインを生産する労働とは違う」というときの「労働」は、この有用労働のことを意味している。

次に抽象的人間的労働についてみてみよう。どんな種類の有用労働をする場合にも、人間たちはある一定の力を支出しなければならないし、ある一定の時間を費やさなければならない。このような観点からみた場合の労働のことを抽象的人間的労働という。言葉はむずかしいが、意味は簡単だ。たとえば、「今日は昨日よりたくさん労働した」とか、「自動車一台を生産するには多くの労働が必要だが、パン一斤を生産するにはあまり労働は必要ではない」とか言う場合の「労働」は、抽象的人間的労働のことを指している。

こうした場合の「労働」は、もっぱら労働の量だけが問題になっており、どんな種類の労働かという、その質は捨象されている。労働から具体的な質を捨象＝抽象すると、そこにはもはや一定の人間の力を支出したという性格、すなわち人間的労働としての性格しか残っていない。そこで、もっぱら量的な観点からみた場合の労働のことを抽象的人間的労働と呼ぶ。

いっけん、何気ない、当たり前の区別のように思えるが、これはマルクスによってはじめて指摘されたことであり、マルクス自身、「経済学の理解にとって決定的な点」だと述べている。では、この区別はどんな意味を持つのだろうか。さしあたり、次の二点をおさえておくことが必要である。

ひとつは、生産力との関係である。生産力とは一定の労働量が投下された場合にどのくらいの生産物量を生産できるのかを示す概念である。日常的な用語に置き換えれば、労働生産性、あるいは生産効率のことである。生産力は、分業の発展や労働用具の改良、機械の導入などによって上昇させることができる。

たとえば、上着を生産している工場に機械が導入され、生産力が二倍になったとしよう。生産力が二倍になったということは、労働者一人が一時間働いて生み出す上着の数が倍増したということである。それゆえ、この一時間の裁縫労働を有用労働という側面からみると、労働の効用は二倍になっている。しかし、抽象的人間的労働という観点からみると、とくに変化は生じていない。どれほど生産力が変化しようとも、一時間の労働はやはり同じ一時間の労働である。

だが、抽象的人間的労働と生産物の関係は変化している。生産力が二倍になれば、上着一着をそれ以前の半分の労働時間で生産することができる。つまり、上着一着を生産する労働は、抽象的人間的労働としては、二分の一になっている。他方、トートロジーではあるが、有用労働という観点からみた場合、一着の上着を生産する労働は一着の上着を生産するだけであり、なんの変化も起きていない。

このように、生産力との関係でみると、労働の二面的性格を把握することの必要性が浮き彫りになる。もしこれを、たんに「労働」という一つの概念で捉えていたら混乱してしまうだろう。じっさい、マルクス以前の経済学者の多くはこの二つの性格を明確に区別しなかったために、さまざまな謬論《びゅうろん》に陥っている。

なお、一定時間内に投入される労働量をあらわす概念として、労働の「強度」がある。こちらは、労働の密度をあらわす概念であり、生産効率とは無関係に人間の側が熱心に働くことによって高めることができる。上述のケースもそうであるが、とくに言及がない場合は、つねに労働の強度は社会的平均であると仮定しておく。

次に、社会的総労働の配分との関係についてみてみよう。たとえば、先に挙げた例で、総労働一万時間から食料生産部門に七〇〇〇時間、衣料生産部門に二〇〇〇時間、住居生産部門に一〇〇〇時間を配分しなければならないとしよう。このような配分をおこなう際には、社会が必要とする使用価値を生産するために、総労働を「どの」生産部門に「どれだけ」投入するかを考慮しなければならない。

このとき、「どの」生産部門に労働を投下するかを考慮するときには、私たちは有用労働のことを考慮していることになる。なぜなら、そのときには労働の質、すなわちどんな使用価値を生産する労働なのかという点に着目しているからである。

他方、その生産部門に総労働のうちから「どれだけ」投下するかを考慮するときには、抽象的人間的労働のことを考慮していることになる。このときには、総労働の量とその生産部門に割り当てられるべき労働の量との関係が問題になっている。もし総労働が無限に存在するのなら「どれだけ」投下するかについて考慮する必要はない。だが、現実には社会がおこなうことができる労働量は有限であり、この有限な量の労働をそれぞれの産業部門に「どれだけ」振り分けるかを考慮しなければ、適切な労働配分は実現しない。

したがって、なんらかの社会的分業を営む社会では、労働は二重の社会的性格をもつことになる。一面では、労働は、社会にとって必要な、ある一定の使用価値を生産するという意味での、有用労働としての社会的意義をもっている。他面では、労働は、有限な総労働のうちの一部分を費やしておこなわれたという意味での、抽象的人間的労働としての社会的意義をもっている。人間社会が社会的総労働の適切な配分を実現するには、このような労働の二重の社会的性格をなんらかのかたちで考慮することが必要なのである。

抽象的人間的労働の社会的性格については、わかりにくいかもしれないので、アナロジーで補足しよう。たとえば、毎月二〇万円の収入で生活している人がいるとしよう。この人が食費に五万円を使うとすると、この出費が総収入二〇万円から引かれて、そのぶんほかの物を買えなくなる。だから、食費の五万円は食糧を確保するために有益に使われたというだけでなく、限られた収入の一部を費やしたという意味を持つ。

抽象的人間的労働についても同じように考えることができる。総労働からある産業部門に一定の労働量を投下すると、その労働量が総労働から引かれて、そのぶんほかの産業部門に労働を投下することができなくなる。それゆえ、その労働はたんに一定の有用物を生産するというだけでなく、限られた社会的総労働の一部を費やしたという意味を持つ。この後者の意味こそが、抽象的人間的労働としての社会的性格なのである。

†市場システムはどのように成立しているのか

すでに見たように、共同体的な秩序が存在する前近代社会においては、総労働をどの産業にどれだけ投下するかという労働の社会的性格について考慮することは容易である。

ところが、市場システムでは、そうはいかない。市場参加者である商品生産者が関心を持つのは私的利害だけであり、誰も労働の社会的性格について考えていない。

では、どうやって市場において労働配分を実現しているのか。じつは、有用労働としての労働の社会的性格を商品の使用価値に表し、抽象的人間的労働としての労働の社会的性格を商品の価値に表すことによって、労働の社会的配分を可能にしているのである。

つまり、市場システムにおいては商品をつうじて間接的に労働の社会的性格を考慮しているのだ。これが、商品の価値が労働量によって規定される理由なのである。

この仕組みについて詳しくみてみよう。

有用労働としての社会的性格が商品の使用価値に表されるということは容易に理解できるだろう。商品生産者は社会のためにどんな労働をする必要があるかは考えていないが、自分の利益のために、とにかく他人が欲する使用価値をもつ商品を生産しようとするからだ。

しかし、抽象的人間的労働の社会的性格が商品の価値に表されるという点については、もう少し立ち入った説明が必要である。

市場システムでは共同体的秩序が解体しているので、商品交換以外に生活の糧を手に入れる方法はない。だから商品生産者は、できるだけ多くの商品を入手することができるような商品、すなわちできるだけ有利な交換比率をもつ商品を生産しようとする。いま従事している生産部門の商品が不利な交換比率でしか交換できないのなら、彼はより有利な交換比率が望める他の生産部門に移り、その産業に自らの労働を投入するであろう。

このとき、交換比率が有利か不利かを判断する基準は何だろうか。商品の生産に費やされた労働量、すなわち抽象的人間的労働である。なぜなら、商品を生産するための究極的なコストは労働だからだ（なお、ここではまだ、原材料や労働用具などの生産手段のことは考えない）。誰でも、労働をおこなえばそれだけ疲労するし、時間も費やす。だから、商品生産者にとって自分がおこなう労働量は有限であり、この労働量を基準にして自らの生産物の交換比率の有利不利を判断して、行動することになる。

たとえば、八時間の労働で一匹のビーバーを捕らえることができ、他方、同じ八時間の労働で二頭の鹿を捕らえることができるとしよう。いま、市場でビーバー一匹＝鹿一頭という交換比率が成り立っているとする。このような場合、誰もビーバーを狩猟しようとしないだろう。八時間かけて直接にビーバー一匹を捕らえるのではなく、四時間かけて鹿を一頭捕らえ、この鹿一頭とビーバー一匹を交換すればよいからだ。

このような交換比率が継続するなら、ビーバーを狩猟する人がいなくなってしまい、適切な労働配分を実現することはできないだろう。このような場合には、生産者たちがビーバー狩猟部門から鹿狩猟部門へと移動することにより、それぞれの部門の需給関係に変化がおこり、ビーバー一匹＝鹿一頭という当初の交換比率そのものが変化していくことになる。

では、どのような交換比率なら、上記の場合のように生産者が特定の生産部門に偏らず、需要と供給が釣り合うような、適切な労働配分が可能になるだろうか。それは、ビーバー一匹＝鹿二頭という交換比率が成り立つ場合、すなわち、価値通りの交換比率で交換される場合である。このとき、ビーバー狩猟者にとっての交換比率の有利さと鹿狩猟者の交換比率の有利さは均衡しており、どちらかの部門から生産者が撤退してしまうことはない。

もちろん、実際には、市場ではそれぞれの生産者が勝手にさまざまな生産部門に移動していくので、都合良く、需要と供給が一致する状態でピタリと移動が止まることはない。たとえば、鹿が供給不足で、鹿の交換比率の方がビーバーの交換比率より有利な場合、多くのビーバー狩猟者がいっせいに鹿狩猟部門へと移っていく。すると、ビーバーと鹿が価値通りに交換される点を踏み越えて、今度は逆に鹿が供給過多になり、鹿の交換比率が価値以下となることがありうる。

だが、今度は、ビーバーを狩猟したほうが得なので、生産者がビーバー狩猟部門へと移っていき、ビーバーの供給が増加し、鹿の交換比率はふたたび価値に近づいていく。このようにして、商品の交換価値（あるいは商品価格）は価値を中心にして変動するのである。

以上をまとめよう。商品交換によって自らの生活の糧を手に入れなければならない商品生産者たちは、価値を基準として自分の生産物の交換価値の有利不利を判断して行動することを強制される。そのため、価値通りの交換価値が成立する場合には、需要と供給が一致し、適切な労働の社会的配分がなされる。なんらかの事情で、需要が供給を上まわり、交換価値が価値を上まわる場合には、投下した労働が商品の交換価値においてその投下労働量以上に評価されるので、その産業部門へと流入する。逆に、供給が需要を上まわり、交換価値が価値を下まわる場合には、投下した労働が商品の交換価値においてその投下労働量以下にしか評価されないので、その産業部門から流出する。

一言で言えば、彼らの労働が社会的需要をみたすかぎりでは、彼らの労働は商品価値において正当に評価されるからこそ、彼らは誰に強制されることもなく、私的利害にもとづいて総労働の社会的配分を成し遂げるのである。こうして、私的生産者たちは、商品の価値を通じて、間接的に抽象的人間的労働の社会的性格を考慮していることになる。

別の言い方をすれば、市場システムは生産物の分配が行われる商品交換において労働の社会的性格を考慮しなければならないシステムなのだ。だからこそ、商品の交換価値は商品の生産に費やされた労働量によって規制され、価値を中心に変動するのである。

とはいえ、以上の説明では、次の疑問が残るだろう。現実の資本主義社会の商品生産者は資本家であり、彼らは自分が生産に投下した労働量を基準として行動しないのではないか、と。

†価値論の意義

たしかに、その通りである。後でみるように、資本家は投下した資本に対してどれだけの利潤を取得できるのかを基準にして行動するからだ。だから、価格変動の中心点が価値に一致しないこともありうる。

しかし、この場合でもやはり資本家は抽象的人間的労働の社会的性格を考慮しないわけにはいかない。需要にたいして供給が多い産業では利潤が低くなり、需要にたいして供給が少ない産業では利潤が高くなるからだ。資本家たちは前者の産業から撤退し、後者の産業に流入するだろうから、そのような資本移動とともにそれぞれの産業に投下される労働量も間接的に調整されるのである。

もちろん、もはや彼らは直接に価値を基準に行動はしないので、価格変動の中心点は価値から乖離するが（後でみるように、中心点は生産価格＝費用価格＋平均利潤となる）、間接的には価値に表される抽象的人間的労働の社会的性格を考慮しないわけにはいかない。だからこそ、資本主義社会が存続できるのだ。

市場システムがどれほど発展し、複雑化して、いっけん労働価値説が成り立たない状態が現れたとしても、最終的には価値法則が貫徹せざるをえない。資本主義社会が存続しているかぎりでは、総労働の社会的配分と無関係に商品の交換比率が決まることはありえないのである。

偉大な古典派経済学者たちは直感的に労働価値説を発見したが、物質的再生産の視点からそれを解明することができなかった。そのため、資本主義の現象形態と労働価値説との乖離が目立ってくると、それらを説明することができず、古典派経済学は衰退してしまった。

それにかわって登場したのが、労働価値説を放棄し、現象形態における因果関係だけに関心をもつ「俗流経済学」、すなわち今でいうエコノミクスであった。エコノミクスが隆盛をほこる現代では、マルクスの価値論がどのような意義をもつのかはほとんど理解されていない。だが、マルクスの価値論こそが市場システムを一つの生産関係として理解することを可能にし、それによって市場での取引と生産活動との結びつきを理解することを可能にするのである。

後にみるように、資本主義はどれほど高度な金融制度を備えたとしても実体経済のあり方に引き戻されないわけにはいかない。バブル崩壊や金融危機はその端的な表現である。

まとめておこう。市場システムにおいては、労働の社会的性格は直接に現れない。有用労働としての社会的性格は商品の使用価値に、抽象的人間的労働としての社会的性格は商品の価値に表され、労働の社会的配分が可能になっている。それゆえ、このシステムの内部では、労働は有用労働としての性格によって使用価値を生み出し、抽象的人間的労働としての性格によって価値を生み出す。

また、抽象的人間的労働の量は社会的に平均的な条件のもとで平均的な強度によって行われた労働時間で表すことができる。だから、商品の価値の大きさはその商品の生産に社会的に必要とされる労働時間、すなわち社会的必要労働時間によって決まる。

†なぜ商品が存在するのか

以上で価値論の説明を終えたので、より根本的な問題に立ち返ってみよう。それは、なぜそもそも商品が存在するのかということだ。

前章でみたように、マルクスの方法論にとって重要なのは、「なにか」を問うにとどまることなく、「なぜ、いかにして」を問うことであった。まさにこの問いを考えることこそが、商品の理解にとって決定的に重要なのである。

ふつう、私たちは「なぜ、いかにして」商品が存在するのかということを考えることはない。商品が存在するのは当然のことだと考えているからだ。典型的なのは、アダム・スミスの理解であろう。スミスによれば、人間は、動物と違って、生まれつき自分の利益になるように交換を行うという「交換性向」をもっている。スミスは、この「交換性向」から、商品交換や分業が生まれ、市場が形成されると考えた。この考えにもとづけば、人間が商品を交換するのは不思議なことでもなんでもない。食欲があるから食事をするというように、至極当然なことになる。

しかし、実際にはたんなる交換から商品が生まれることはない。たとえば、ある人が読み飽きたマンガを親友と交換し、別のマンガを手に入れるという場合を考えてみよう。このとき、彼らはたしかに自分の利益になるように交換を行っている。しかし、だからといってこのマンガが、すでに説明した商品としての性質をもっているわけではない。交換だけでは、商品を説明することはできないのだ。

ここまで読んできた読者には明らかであるが、商品は生産の特殊なやり方と結びついている。共同体的な秩序が解体し、バラバラになった個人が私的利害のために勝手に労働するようになったとき、はじめて商品が生まれる。そのときはじめて、生産者たちが互いに値踏みをして生産物を交換するようになるからである。

一言で言えば、私的におこなわれる労働、すなわち私的労働こそが商品の秘密なのだ。もちろん、この場合の私的労働とは、なんの社会的接触もなしに行われる労働ではなく、私的個人が勝手におこなう労働でありながら、社会的総労働の一部分をなす労働のことだ。

さきのマンガ交換の例をもう一度みてみよう。そこでは、値踏みをして生産物を交換することはおこなわれていなかった。二人はもともと親友であり、相手を出し抜いて自分だけが得をしようとする間柄ではない。つまり、彼らは親友だからマンガを交換したのであり、交換によって得をするために関係を取り結んだのではない。

それに、彼らが交換したのはすでに読み飽きたマンガであり、それがどんな比率で交換できるかによって生活が左右されるわけではない。だから、彼らはたしかに交換によって利益をえるのであるが、その仕方は非常に大雑把であり、いちいち値踏みをすることなどしなかった。

ところが、私的生産者が交換をおこなう場合には事情が異なる。彼らは互いに知り合いではなく、何の利害の共通性もない。彼らは人格的なつながりがあるから交換したのではない。交換によって生産物を手に入れる必要があるから相手と関係を取り結んだのである。私的労働をする生産者たちを取り結ぶものは生産物と生産物との関係にすぎない。彼らは相手のことは考えず、できるだけ有利な比率で欲しい物を手に入れたいと思っている。また、彼らは読み飽きたマンガではなく、自分が労働して生産した物を交換に出すのだから、適正な比率で交換することができなければ、生きていくことができない。だからこそ、私的生産者たちが私的労働をおこない、交換をする場合には、かならず値踏みをして交換しなければならないのである。

このように値踏みをして交換するときには、私的生産者たちは生産物にたいして、その生産物がもつ使用価値とは区別される、ある独自な社会的な力を認めていることになる。というのも、生産物がもともともっている使用価値はどれも違っており（同じであればそもそも交換する必要はない）、それを交換の基準にすることはできないからだ。

それゆえ、両方の生産物を比較して値踏みをするということは、違う生産物を共通の性格、共通の社会的力をもつ生産物として扱っていることになる。マルクスは生産物がもつ、この社会的な力のことを価値とよんだ。この価値という共通の属性があるからこそ、人々は異なる生産物を互いに比較し、交換することができるのである。

じつは、私たちがふだん「この商品にはこれだけの値打ちがある」と言うときの「値打ち」とは、商品がもっている価値を漠然と言い表したものである。けれども、私たちは商品が価値をもっていることの意味については自覚していないし、そもそもなぜ、いかにして商品が価値を持っているのかということについても意識していない。なぜなら、私たちは私的労働の生産物を価値物（価値をもつ物）として扱うということを自覚的におこなっているのではないからだ。

そもそも自覚的にそれをおこなっているのならば、以上のような説明は不要であった。諸個人がバラバラになっており、共同労働をおこなうことができず、私的に労働しなければならないかぎり、彼らは労働生産物どうしを互いに関連させることによって社会的関係を成立させるしかない。そして、労働生産物どうしを互いに関連させるためには、労働生産物を価値物として扱うほかない。このような事情によって、私的生産者たちは無意識のうちに労働生産物を価値物として扱うことを強制されているのである。

こうして、私的労働によって社会的分業を成立させている社会においては、労働生産物は価値という社会的力を獲得する。このように、価値という属性を獲得した有用物のことを商品と言う。だから、はじめに商品は使用価値と交換価値をもっていると言ったが、ただしくは、商品は使用価値と価値をもつのである。この使用価値と価値という属性が、それぞれ有用労働と抽象的人間的労働の社会的性格を表し、総労働の社会的配分において重要な役割を果たすことはすでにみたとおりである。価値は商品交換の基準となることをつうじて、労働の社会的配分において一定の役割をはたすのである。

†物象化と物神崇拝

さきほど、労働生産物が価値という属性を獲得し、商品となるのは、私的労働をおこなう生産者たちが労働生産物を価値物として扱うからだ、という説明をした。しかし、このことを理解するのはなかなかむずかしいので、いくつかの点を補足しておきたい。

もっとも重要なことは、価値という社会的な力は、人間たちが労働生産物を価値物として扱うかぎりでのみ、発生するということだ。商品の使用価値はその生産物にもともと備わっている性質に由来するが、価値のほうは純粋に社会的な属性である。つまり、ある労働生産物が価値をもつのは、あくまで私的生産者たちが労働生産物にたいしてそれに価値という力を与えるようにして関わる限りでしかない。

だが、人間たちがこのようなふるまい方をしている限りでは、労働生産物は人間たちにたいして価値という社会的な力を持つものとして現れ、現実に、人間たちにその力を及ぼすことができる。これは、臣下たちが特定の個人Aにたいして A が王であることを認めるようにしてふるまうならば、じっさいにAは臣下たちにたいして王としての力を持つものとして現れ、また現実にその王としての力を行使することができるということと同じである。

だから、人々が生産物をつうじて結びつけられている社会においては、実際に、人間ではなく、生産物のほうが社会的な力をもつ。人間たちが生産物をコントロールするのではなくて、価値をもった生産物、すなわち商品が人間をコントロールする。すでにみたように、人間たちは自分たちがおこなう生産のあり方を自分たちじしんで社会的に決定するのではなくて、市場における商品の交換価値の変動をみて、事後的に自分たちの生産を調整するのである。

このように、市場システムにおいて人々は生産物の力に依存することによってしか経済生活を営むことができないので、この生産物の関係が自立化し、それによって自分たちの生活が振り回されるようになる。私たちが自分たちから独立しているかのような「景気」について語ることができるのは、このような生産物の関係の自立化があるからだ。

このように、社会関係を取り結ぶ力を持つにいたった物のことを物象といい、人間の経済活動が生産物の関係によって振り回されるという転倒した事態のことを物象化という。

市場が生活領域の大部分を包摂している資本主義社会においては、このような転倒をいたるところに見いだすことができる。たとえば、農業生産者は価格を一定程度に保つために農作物を大量に廃棄処分することもある。社会には十分な生産能力があるにもかかわらず、企業間競争に打ち勝つための解雇によって日々の食事にも事欠くような失業者が生み出される。企業の利益追求の結果、人間や自然環境に有害な物質がまき散らされていく。

私たちが生きる資本主義社会においては、人々の生活や自然環境といった具体的なものはすべて抽象的な価値の運動によって編成され、振り回され、しばしば破壊されるのである。このような物象化こそが、資本主義社会を他の社会から区別する特徴なのだ。

そして、いったん物象化された関係が定着すると、労働生産物が商品としてやりとりされるのは日常のこととなる。だから、人間たちの特定のふるまいの結果として労働生産物が価値という属性をもっているにもかかわらず、労働生産物が価値をもち、商品となるのは当たり前のことだと考えられるようになる。

このような見方がさらに極端になると、商品の価値はその労働生産物自身の性質だと考えられるようになる。価値は人間の特定のふるまいによって労働生産物に与えられる属性であるにもかかわらず、労働生産物じたいの自然属性だと錯覚するようになるのである。このような錯覚のことを、物神崇拝《フェティシズム》という。このような錯覚が浸透すると、生産物が商品であることは不思議でもなんでもなくなってしまう。

このように、物象化は私的労働という特定の労働形態、またそこから生まれる特定のふるまいの結果であり、物神崇拝は物象化の結果である。だから、このような人間の労働生産物に対するふるまいの仕方が変われば物象化はなくなり、物神崇拝も消え去る。マルクスが物象化の克服を自由な労働者のアソシエーションに見出したゆえんである。

『資本論』の見方②――貨幣の力の源泉

これまでみてきたように、価値とは、交換のさいに商品がもつ社会的な力であった。価値じたいは純粋に社会的な力であり、目に見えるものではないので、理解がむずかしかったかもしれない。

だが、実際には、この商品がもつ価値という社会的力は、貨幣というかたちで物質化され、目に見えるものとなる。日常的には、私たちは価値の力を貨幣によって行使しているのである。

貨幣は私たちの社会できわめて大きな力をもっている。たんに必要なものが買えるというだけではない。他人に影響力を行使することもできる。膨大な貨幣を所有する人はそれだけ大きな社会的権力をもっているのだ。なぜ貨幣はこれほどの力をもっているのだろうか。これまでの説明ではあえて貨幣のことを「カネ」と書き、曖昧に扱ってきたが、以下では、このように大きな力を持つ貨幣の秘密について考えていこう。

マルクスの時代にも、貨幣はさまざまなかたちで議論の対象となっていた。たとえば、アナーキズムの始祖といわれるプルードンは、市場経済の不安定さと不平等の原因を貨幣に見いだした。そして、私的生産は個人の自由のために必要だが、貨幣は廃絶すべきだと主張した。他方、スミスなどの古典派経済学者は、貨幣は流通を円滑におこなうための道具にすぎないと考えた。

いまどき、プルードンのように貨幣の廃絶を唱える人はほとんどいないが、古典派経済学者のような貨幣観はいまでも主流であると言ってよい。こうした貨幣観にはさまざまなヴァリエーションがあるが、基本的には貨幣がもつ流通手段としての機能、すなわち商品流通の媒介物としての機能から貨幣を特徴付ける考え方である。端的に言えば、商品交換を便利にする道具として貨幣を理解する考え方だ。

ピエール・ジョセフ・プルードン

しかし、マルクスは貨幣にたいしてまったく違ったアプローチをした。マルクスは商品交換のまえにおこなわれる「値札付け」に注目した。現実の取引をみればわかるように、商品交換をおこなう際にはなんらかのかたちで必ず値札付けがおこなわれている。マルクスはなによりもまず、この値札の必要性から貨幣が生まれてくると考えたのである。このように、貨幣を「値札付け」から説明することによってこそ、貨幣の力の秘密は明らかになる。

では、値札の必要性からいかにして貨幣が生成するのだろうか。以下では、この問題を考えていくことにしよう。じつは、『資本論』のなかでも難解で知られる「価値形態論」は、この値札の必要性から貨幣の生成を説明するものなのである。

†値札の謎

まず、なぜ値札がかならず必要となるのかを考えてみよう。

すでにみたように、商品の使用価値は交換の基準にならないので、商品の価値を基準にして私たちは交換をおこなう。だが、商品の価値は純粋に社会的なものであり、そのままでは目に見えない。価値が交換相手に見えなければ、交換をおこなうことはできない。だから、価値を基準にして商品を交換しあうには、商品の価値を目に見えるように表現する必要がある。じつは、これを可能にしているのが値札なのだ。

つぎに考えなければならないのは、値札による価値表現がいかなるメカニズムによって成り立っているのかということだ。もちろん、普通の感覚からすれば、こんなことをいまさら考える必要がないように思えるだろう。たとえば、一冊の本に一〇〇〇円という値札が貼られているとすれば、この本の価値が一〇〇〇円というふうに表示されている。何もむずかしいことはない。そう考えるのがふつうだろう。

しかし、そもそも一〇〇〇円というときの「円」とはなんだろうか。不換制に移行した現在ではもはや当てはまらないが、もともと円というのは金の重さの単位である。具体的に言うと、戦前の金本位制の時代には、一円は七五〇ミリグラムの重さの金を意味する単位であった。だから、ある本に一〇〇〇円という値札が貼られているのなら、それは「この本の価値は七五〇グラムの金に等しく、七五〇グラムの金をもってくればこの本を手に入れることができる」ということを意味したのである。

そうすると、商品の値札は、もともとは金の重さによってその商品の価値の大きさを表示するものだったということになる。だが、これはよくよく考えると奇妙なことである。というのも、金も他の商品と同じようにやはり商品の一つでしかなく、いくら金を眺めてもその価値がわかるわけではないからだ。ところが、値札に書き込まれるやいなや、金は値札が貼られた商品の価値を表示するものになるのである。

資本主義社会に生きる私たちにとっては、「金はなにか特別に「価値」があるものだ」という固定観念が染みついているので、ひょっとすると、価値が金という一商品によって表示されることをとくに不思議だとは思わないかもしれない。そこで、値札に書きこまれる商品を金以外のものに変えて考えてみよう。じっさい、人類は金や銀を貨幣として使用する以前は、じつにさまざまな生産物を価値を表示するために用いていたのだから、金以外の生産物を考えてもよいはずだ。

そこで、商品である米五キログラムの値札にシャツ一枚を書き入れてみよう。これを等式で表現すると、「五キログラムの米＝一着のシャツ」となる。左辺に書かれているのが値札が貼られているものであり、右辺に書かれているのが値札に書かれているものである。したがって、この等式は、五キログラムの米の価値が一着のシャツと書かれた値札によって表現されているということを意味している。ここでは、シャツが、米がもつ価値を表しているのである。

だが、シャツはあくまで米と同じように一商品でしかなく、シャツだけを単独で見ていてもその価値はまったくわからない。もともとはたんなる商品にすぎなかったシャツが、米の値札に書き込まれるやいなや、どうして米の価値を表すことができるようになるのだろうか。これが値札の謎である。

この値札の謎を考える場合には、両辺の生産物の量は問題にならないから、簡単にするために、この等式を米＝シャツとして、考えていこう。

†値札のメカニズム

商品として売りに出すために、米にシャツと書かれた値札を貼り付けるとしよう。そうすると、シャツを差し出せば、米を手に入れることができる。

このとき、シャツは米の値札に書き込まれているので、米にたいしては直接に自分のもつ価値の力を発揮することができる。米の持ち主のほうは米の価値を表し、それを交換するために、値札を必要とした。ところが、値札に書かれたシャツのほうは、値札なしにいきなり価値の力を発揮し、それを交換することができるのだ。つまり、値札なしにシャツのもつ価値の力を行使し、米を手に入れることができる。

この関係の内部では、シャツは自分に値札を貼ることなく、シャツのままで価値としての力を発揮できる。だから、シャツは、シャツのままで価値を体現するものとなっている。このような性格を与えられた商品のことを価値体という。米は、この価値体としてのシャツによって自分の価値を表現するのだ。たとえば、天秤で重さを量るときに使われる分銅が重さを体現するものになっているのと同じように、ここでは値札に書かれる商品が価値を体現するものになっているのである。

値札に書き込まれることによって価値体となったシャツは、値札が貼られている商品にたいする直接的交換可能性をもっている。直接的交換可能性とは、その気になれば必ずそれによって相手の商品、この場合であれば米を手に入れることができるということだ。他方、米は直接的交換可能性をもっていない。シャツの持ち主がその気になったときにだけ、シャツと交換することができるにすぎない。だから、値札に書き込まれた商品だけが直接的交換可能性という特別の力をもつことになる。

以上で基本的に値札の謎は解き明かした。だが、米＝シャツはまだ完全な価値表現とはなっていない。というのもこの場合、米の所持者はシャツ所持者にたいして米の価値を表示したにすぎないからだ。価値はほんらい、あらゆる私的労働の生産物を相互に関連させるためにあたえられる社会的力なのであるから、これでは本当の価値表現とはいえない。

そこで、米＝シャツという等式をさらに発展させてみよう。米＝シャツという価値表現においては、シャツはたんなる価値表現の材料に過ぎないのだから、それが価値物であればなんでもよかった。だから米以外のあらゆる商品を右辺におくことができる。

米 ＝ シャツ
　 ＝ 靴
　 ＝ 鉛筆

＝シャツ
＝ノート
＝等々

この展開された価値表現においては、あらゆる商品が関連している。米の生産者は、シャツがほしいときには値札にシャツと書き、靴がほしいときには靴と書き、こうして米とあらゆる商品を交換することが一応は可能である。

しかしながら、この価値表現もやはり不十分である。諸商品がそれぞれバラバラな価値表現をもっているだけであり、価値表現が統一的なやり方でなされていないからだ。これでは商品の価値を相互に比較して交換することがうまくできない。

そこで、あらゆる商品に共通な統一的な価値表現が必要となる。米があらゆる商品と交換されているケースを考えるならば、この交換関係のなかには展開された価値表現とは逆の価値表現が潜んでいることがわかる。つまり、米がほかのあらゆる商品で自分の価値を表現するのではなく、逆に、米以外のあらゆる商品が米によって自分たちの価値を表現するという価値表現である。

シャツ ＝
靴 ＝
鉛筆 ＝ ｝米
ノート ＝
等々 ＝

この価値表現においては、米以外のあらゆる商品にとって統一的な価値表現が成立している。米以外の商品は米を共通の等価物とすることによって、共通の価値表現を獲得しており、米を媒介として互いに価値として関連し合っている。

このような価値表現のことを「一般的価値形態」といい、自分以外のあらゆる商品の値札に書かれている商品のことを「一般的等価物」という。

貨幣の力

ここではたまたま米が選ばれているが、現実の歴史においては、人類は一般的等価物として金を選び出した。金はどの一片をとっても均質であり、任意の量的分割が可能であり、合成することができるという自然属性をもっているので、一般的等価物という社会的機能をもっともよく果たすことができるからである。

　一般的等価物が金に固定化すると、金は貨幣になる。貨幣による商品価値の表現のことを価格という。価格こそは、価値にもっとも適合する一般的な価値表現なのである。

　米にシャツと書かれた値札が貼られている場合、シャツは米にたいする直接的交換可能性をもつにすぎない。ところが、価格による価値表現の場合には、あらゆる商品の値札に金と書かれているのだから、金はあらゆる商品に対して直接的交換可能性を持つ。つまり、貨幣はあらゆる商品を手に入れることができる力をもっている。他方、商品の持ち手は、貨幣の持ち手がそれを欲しいと思わないかぎり、貨幣を手に入れることはできない。こうして、貨幣だけがあらゆる商品にたいする直接的交換可能性という特別の力をもつのである。

　したがって、貨幣の力は、金という物質から生まれてくるものでもなければ、人間たちの取り決めから生まれてくるものでもない。それは、商品の価値表現の必要性から必然的に生まれてくるものであり、商品生産そのものに根ざしている。それゆえ、商品生産が全般化すればするほど、貨幣の力はますます強力になっていくのである。

　いまや人間たちは商品の価値を価値体としての貨幣を使って表し、商品を販売することによって貨幣を手に入れ、この貨幣がもつ価値体としての力を行使して、自分の欲しい物を手に入れることができる。じつは、このことによって、物々交換の困難、すなわち互いに欲しい物が一致しないと交換することができないという問題も解決されているのである。こうして商品交換は、販売と購買という二つの行為に分離されることになる。

また、人間たちは貨幣を使って値札を付けることで、労働生産物でないものも商品にすることができる。たとえば、未開拓の土地は労働生産物ではないが、価格をつけて売ることができる。こうして、価格による価値表現は、価値から乖離した価格を表すことができるだけでなく、そもそも価値をもっていない物を商品にすることができるようになる。

なお、もはや現代では金本位制が廃止されており、金ドル交換を保証したブレトンウッズ体制も崩壊したので、金は貨幣ではないのではないかという疑問をもつ人もいるかもしれない。たしかに、日常的に私たちが「貨幣」として表象するのは中央銀行が発行する銀行券であり、もはやそれを金と兌換することはできない。

だが、中央銀行券はあくまで本来の価値体の代理をしているにすぎない。じっさい、いくら兌換の必要がないからといって、中央銀行が実体経済と無関係に銀行券を供給し、購買力を創出しつづけることはできない。そのようなことをするなら、いわゆる紙幣の「減価」がおき、インフレになってしまうからだ。現代の管理通貨制度もやはり、ここでみてきたような金属貨幣の発展として把握しなければ、その本質は理解できない。

†物象の人格化

これまでの考察からわかるのは、私的労働をするかぎり商品が必要であり、商品が存在するかぎり貨幣が必要だということである。つまり、私的生産者たちが労働生産物を価値物として扱うかぎり、人間たちの意志や欲望とはかかわりなく、価格による価値表現がどうしても必要となる。

じっさい、人間たちが一般的に労働生産物を商品としてやりとりしている社会では、その社会がどんな文化を持とうと、どんな気候条件のもとでどんな言語を用いていようと、かならず貨幣が存在する。だから、プルードンが望んだように、商品生産を残して貨幣だけを廃絶するということはおよそ不可能なのだ。

このように、価値やそれを表現する価格は、私的生産者が社会的関係を打ち立てるために、人間たちが無自覚のうちに生み出したものであった。だから、それを理解するためには込み入った考察が必要だった。

これは、私たちが日常的に日本語を使いこなしているにもかかわらず、日本語の文法を正確に知っていないということに似ている。私たちは無自覚のうちに文法を使いこなしているのであり、日本語の文法体系がどういうものであるかを知るには、やはり日本語にたいする立ち入った考察が必要だ。その意味で、これまでの議論はいわば「商品語」の文法の解説だったのである。

ところが、人々の無意識のふるまいをつうじて、商品や貨幣が生まれると、今度は私たちの意識や欲望のあり方に大きく影響を与え、それをまったく違うものに変えてしまう。もともと人間がもっていたものとは異なった意識や欲望が、人間の創造物である商品や貨幣によって作り出されるのである。

いくら物象化して転倒した関係が生まれているといっても、商品や貨幣がひとりでに運動するということはない。現実に商品や貨幣をやりとりするのはやはり意志と欲望をもつ人間たちである。だから、人間たちは商品や貨幣という物象の人格的担い手として行為することをつうじて、物象の論理に影響を受け、自らの人格じたいを変容させてしまう。マルクスはこうした事態をしばしば物象の人格化という概念を使って説明している。このような事態の具体例を三つだけ挙げておこう。

第一に、貨幣の人格化として人間が行為することによって、新しい欲望が生まれてくる。使用価値に対する欲望には限りがある。たとえば、どれだけ食欲があろうと、一日に消費できる食料には限度がある。ところが、貨幣にたいする欲望には際限がない。貨幣はどんな商品も手に入れることができるばかりか、商品でないものさえ商品にすることができる、非常に抽象的な社会的力であり、どれだけそれを持とうと持ちすぎることはない。こうして、貨幣にたいする飽くなき蓄蔵欲求が生まれる。人間の欲望は、生活に必要なものを手に入れるというものから、富一般の蓄積をひたすらに追求するものへと変化してしまうのである。

第二に、人間たちが物象の人格的担い手として行為することによって、所有のあり方が変化する。物象化された関係においては、物象の力によることなしには、物を所有することが認められなくなる。この点については後に詳論する。

第三に、イデオロギーのレベルでも、物象の人格的担い手としての「自由、平等、所有」を人間ほんらいの自由、平等、所有だと考える幻想が生まれてくる。つまり、物象の担い手としては誰もが平等であること（お金をもっていれば誰でも商品を買うことができる）、物象の担い手としては誰もが自由であること（市場で自由に商品を選択することができる）、物象の担い手としてだけ所有が認められること（貨幣を所有するためには商品を売らなければならず、商品を所有するためには貨幣を支払わなければならない）こそが、ほんらいの「自由、平等、所有」であると考え、このような「自由、平等、所有」を理想化するような幻想である。たとえば、新古典派経済学の代表者であるミルトン・フリードマンの啓蒙的な著作は、まさにこの幻想を理論的に表現したものだと言えよう。

『資本論』の見方③――資本の力と賃労働という特殊な働き方

さて、以上でようやく商品と貨幣の説明を終えたので、いよいよ資本の説明に入っていこう。

†資本とはなにか

これまでの説明で想定されてきた商品売買は基本的に「買うために売る」であった。『資本論』で使われている記号を使うと、「W－G－W」（W＝Ware［商品］、G＝Geld［貨幣］）である。自分の生産した商品を売り、貨幣を手に入れ、この貨幣で自分の欲しい商品を買う。

しかし、すでにみたように人々が商品交換に貨幣を使うようになると、新たな欲望が芽生えてくる。つまり、たんに使用価値を手に入れるための手段として貨幣を欲するのではなく、貨幣そのものを欲望の対象とし、それをできるだけ多く取得しようとする欲望が生まれてくる。

はじめは、勤勉に働き、節約することによって貨幣を貯め込もうとする。できるだけ多く販売し、できるだけ少なく購買するというやり方である。しかし、このやり方はすぐに限界にぶつかる。ほんらい、貨幣は使うことによってはじめてその力を行使することができるのに、使わないことによって貨幣を増やそうとするやり方だからである。

そこで、もっと効率のよい、合理的なやり方が追求される。それは「売るために買う」である。記号で書くと、「G－W－G′」（G′＝G＋⊿G）となる。所持している貨幣で商品を買い、それから商品を売り、ふたたび貨幣を手に入れる。このとき、貨幣量ははじめに持っていた貨幣量よりも増大している。

このやり方の特徴は、価値の増大が過程の目的になっていることだ。もちろん、「買うために売る」場合でも、勤勉と節制によって貨幣を増やすことは可能だった。しかし、そこでは自分が生み出した価値を使わずにため込んでいるだけであり、過程のなかでは価値は増大していない。ところが、「売るために買う」という過程においては、もともとあった価値がこの過程のなかで増大する。つまり、価値じしんの力によって価値が増えるのだ。

ここでは、これまでのように価値がたんに交換の基準として必要とされているだけではない。むしろ、価値がこの過程の主体となり、自らの力によって増殖している。このような自己増殖する価値のことを資本という。もちろん、商品や貨幣と同じように、資本もまた、「売るために買う」という行為をじっさいに遂行する人格的担い手を必要とする。この資本の人格的担い手のことを資本家という。

資本家は節制するのではなく、むしろ、積極的に貨幣を流通に投げ入れることでこれを増殖させる。価値によって価値を増やすのである。しかし、「売るために買う」というこのやり方には大きな困難がある。それは、等価交換によっていったいどのようにして価値を増大させることができるのか、ということだ。

もちろん、ほんらいの価値よりも高い価格で商品が売れることもあるだろうが、それは偶然的なものでしかなく、社会全体としては成り立たない。だから、価値どおりの交換を前提としたうえで、どのようにして価値を増大させることができるのかを考えなければならない。資本家はいかにしてこの困難を解決しているのだろうか。

じつは資本家は、労働力商品を購買し、消費することによって、価値を増殖させているのである。というのも、労働力こそは価値を生み出すことができる唯一の商品だからである。このことを詳しく見てみよう。

†資本家が買うのは労働ではなく労働力である

まず、注意しておくべきは、資本家が買うのは労働ではなく、労働力であるということだ。賃労働者は時間決めで自分の労働力を使用する権利を売るのであり、これを買った資本家がこの権利を行使するかどうかは自由である。資本家がこの権利を行使した場合には、労働が実際におこなわれることになる。

これは、たとえば、私たちが自動掃除機を買ったとき、私たちが買ったのはこの自動掃除機の処分権であり、この自動掃除機がおこなう掃除を買ったのではない、ということと同じである。私たちは買った自動掃除機をすぐに使ってもよいし、使わずに放置してもよい。このように、労働は労働力商品を消費した際におこなわれるものであり、市場で売買されているのはあくまで労働力なのである。

そもそも資本主義社会においては、どうして労働力という商品が存在するのだろうか。直接的に生産をおこなう労働者の大半が、労働用具や原材料などの生産手段をもっていないからだ。生産手段をもっていなければ自分で働いて商品を生産することはできない。だが、他方、近代社会ではもはや共同体的な秩序は解体してしまっているのだから、なんらかの商品を販売し貨幣を入手することなしには、生活に必要な物品を手に入れることができない。そこで、生産手段をもたない無所有の労働者たちは、唯一販売することのできる自分の労働能力を販売するのである。

つまり、賃労働者たちは自分の労働の成果を販売できないからこそ、労働力を販売することを迫られるのだ。だから、賃金はどれほど労働の対価であるようにみえようとも、労働力にたいする支払なのである。

　では、この労働力商品の価値はどのように決まるのだろうか。ふつうの商品なら、価値の大きさはその生産に必要な社会的必要労働時間によって決まる。ところが、労働力は労働生産物ではない。どのように考えればよいのだろうか。

　すでにみたように、商品の価値が労働量によって決まるのは、それが生産の継続、すなわち再生産にとって必要だからだ。労働力の価値の大きさも同じように、労働力の再生産可能性によって決まる。では、労働力の再生産可能性とはなんだろうか。それは労働力の所持者である人格の維持にほかならない。だから、労働力の価値の大きさは、労働力の所持者の維持に必要な生活手段（食料、衣料、住居など）の価値の大きさによって規定される。つまり、労働力の再生産に必要な商品の生産のために社会的に必要とされる労働時間によって規定される。端的に言えば、労働力の価値は労働力の再生産費によって決まると言えるだろう。

　労賃は、時間賃金であれ、出来高賃金であれ、この再生産費を時間あたり、あるいは出来高あたりで表現したものにすぎない。労働力一日の再生産費が一万円であり、時給制で一〇時間働くとすれば、時給一〇〇〇円ということになる。また、出来高賃金の場合も同じように、一日の標準的な生産量で一万円を割ったものが生産物一つあたりの賃金となるだろう。じっさい、労働者たちが頑張って出来高を増やし、全体的に賃金が再生産費を上回った場合には、資本家は出来高あたりの賃金を引き下げようとする傾向がある。

労働力の再生産費のなかには、賃労働者個人の再生産費だけでなく、子供を育てるための養育費、さらには彼が職業的技能を身につけるために必要とした修業費が含まれる。

また、労働力の再生産に必要な生活手段はけっして固定的なものではない。それは労働力の所持者が正常な状態で生活していくのに足るものでなければならず、彼が住む地域の気候その他の自然条件によって左右される。また、同じ地域であっても、文化のあり方や欲求の発展の程度によって必要とされるものはことなる。だから、労働力の価値は、ふつうの商品とはことなり、歴史的かつ社会慣行的な要素を含んでいる。

†剰余価値生産のメカニズム

では、この労働力商品をつかって資本家はどのようにして価値を増殖させるのだろうか。

たとえば、賃労働者が平均して毎日一万円で労働力を再生産できる社会で、資本家が労働者一人を一日一万円で雇い、上着を生産させるとしよう。また、一時間の労働がうみだす価値が二〇〇〇円という価格で表すことができ、ミシンや布などの生産手段にかかる費用がゼロだと仮定しておこう。

このとき、資本家は賃労働者の労働力を一日のあいだ自由に使用する権利をえている。そこで、まず労働者を三時間だけ労働させたとしよう。このとき、労働者は三時間分の価値、すなわち六〇〇〇円分の価値を生み出す。だが、労働力を購入するのに一万円かかっているから、資本家にとっては四〇〇〇円の損であり、これでは労働力を買う意味がない。

次に、五時間だけ労働させると、労働力は一万円分の価値を生み出し、資本家にとってその収支はプラマイゼロになる。この場合も資本家は元手を増やすことはできていない。そこで、労働者を八時間働かせてみよう。すると、労働者は一万六〇〇〇円分の価値を生み出すことができるので、労働力の購買にかかった一万円を引いても、六〇〇〇円分の剰余が生まれる。

こうして、資本家は等価交換しかしていないにもかかわらず、価値を増やすことに成功した。この増殖した分の価値のことを剰余価値という。資本家は、労働者に八時間かけて作らせた上着をその価値通りに販売することに成功すれば、はじめに投資した一万円よりも多い一万六〇〇〇円の貨幣を手に入れることができる。

どうしてこのようなことが可能なのだろうか。それは、労働力が労働によって価値を生産するからである。それゆえ、労働力は自分の価値以上の価値を生産することができる。先の例で言えば、労働力は、自分の価値である五時間分の価値よりも三時間分おおきい価値を生産した。労働力商品がこのような特別な使用価値を持っているからこそ、資本家は等価交換しかしていないにもかかわらず、価値を増殖することができたのである。逆に、この事態を賃労働者の側からみれば、自分の自由な意志にもとづいて等価交換を行ったにもかかわらず、自分の労働の成果を搾取されてしまっているということになる。

だから、資本家は、前近代社会における奴隷主や封建領主のように、人格支配にもとづいて直接強制することによって搾取をしているのではない。市場における自由な取引の結果として、他人の労働を搾取し、剰余価値を取得することができるのである。

じつは、これこそが資本主義において、他のどんな社会よりも過酷な搾取が可能になる理由である。それによって、剰余労働を強制的にひきだすのではなく、相手の自発性にもとづいてひきだすことが可能になるからだ。

マルクスは、『資本論』の草稿において、この事情を鮮やかに描き出している。

> 奴隷はただ外的な恐怖に駆られて労働するだけで、彼の存在（彼に属してはいないが、保証されてはいる）のために労働するのではない。これにたいして、自由な労働者は自分の必要に駆られて労働する。自由な自己決定、すなわち自由の意識（またはむしろ表象）やそれと結びついている責任の感情（意識）は、自由な労働者を奴隷よりも

はるかにすぐれた労働者にする。なぜなら、彼はどの商品の売り手もそうであるように、彼の提供する商品に責任を負っており、また、同種の商品の他の販売者によって打ち負かされないようにするためには、一定の品質で商品を提供しなければならないからである。奴隷と奴隷保有者との関係の連続性は、奴隷が直接的強制によって維持されているという関係である。これにたいして、自由な労働者は自ら関係の連続性を維持しなければならない。というのは、彼の存在も彼の家族の存在も、彼が絶えず繰り返し自分の労働能力を資本家に販売することに依存しているからである。

（「直接的生産過程の諸結果」）

このような事情があるからこそ、「他人の勤勉の生産者として、剰余労働の汲出者および労働力の搾取者として、資本は、エネルギー、無節度、および効果の点で、直接的強制労働にもとづく従来のすべての生産体制を凌駕」することが可能なのである。

なお、以上の説明では、生産手段について扱わなかったが、実際には商品生産には生産手段が必要である。生産手段の価値は、その生産物の生産に使用された分だけ、その生産物に移転する。原材料の場合は使われた分、道具や機械の場合は摩滅した分だけ、移転する。このように生産手段に投下された資本は、商品に価値移転するだけで増えないので、不変資本という。

他方、労働力に投下された資本は先にみたように、価値増殖させることができるので、可変資本という。

商品の価値は、その商品の生産に直接必要とされた労働だけでなく、その生産に必要とされた生産手段の価値を含むので、「商品価値＝移転された生産手段の価値＋労働力によって付加された価値」となる。労働力によって付加された価値から労働力の価値を差し引いたものが剰余価値である。

†労働時間の延長

資本家はたんに剰余価値を取得するだけでは満足しない。彼の目的は、手持ちの貨幣を使ってできるだけ多くの貨幣を手に入れること、すなわちできるだけ多くの剰余価値を取得することだからだ。資本家はこの目的のために、労働のあり方や生産方法をそれまでとはまったく違うものに変えてしまう。

まず、資本家は労働時間を可能なかぎり延長しようとする。「剰余価値＝労働者が生み出した価値－労働力価値」なのだから、より長い時間、労働させることによって剰余価値を増大させることができる。このように、労働時間の延長によって生み出される剰余価値のことを絶対的剰余価値という。

じっさいには、ある一定の限界をこえて労働時間を延長するとそれに比例して労働力の価値も高くなる。労働時間が長くなりすぎると、それだけ労働力を再生産するのに必要な費用が増えるからだ。たとえば、労働時間が長くなると家事などをやる余裕がなくなり、どうしても出来合いの商品やサービスに頼りがちになることを考えてみればよいだろう。

とはいえ、その場合にも、労働時間を長くすることによって得られる価値は、労働力の価値の増大をはるかに上回っているので、資本家が労働時間延長の追求をやめることはない。それに、資本家が労働力の価値の増大にたいして、なるべく支払わないように努力することは、私たちがしばしば目にしている「サービス残業」から明らかであろう。

このような労働時間の延長は、労働力の売り手である賃労働者の側から見れば、自由時間の短縮にほかならない。資本によって強制されるあまりに長い労働時間は、賃労働者たちから人間らしい生活をするための時間を奪い取る。

それだけではない。長すぎる労働時間はやがて賃労働者の生存すら脅かすようになる。賃労働者は労力の支出にみあった休息をとることができず、心身の健康を破壊され、場合によっては生存すら脅かされる。労働時間の過度の延長は、賃労働者の寿命を短縮することによってのみ可能になるのである。マルクスは『資本論』において、工場監督官の報告書を引用し、一九世紀半ばのイングランドにおける過重労働について克明に描いているが、現代日本でも決して過去の問題にはなっていない。

もし何の歯止めもなければ、このような賃労働者の健康の破壊は、いずれ資本そのものの存立を脅かすようになるだろう。社会全体として賃労働者を再生産できなくなれば、資本主義社会じたいが存続していくことができないからだ。

だが、それでも資本家たちは、最大限の労働時間の追求をやめようとはしない。「大洪水よ、我が亡き後に来たれ！」、これが彼らの精神である。

自分を取り巻いている労働者世代の苦悩を否認するじつに「十分な理由」をもつ資本は、その実際の運動において、人類の将来の退化や結局は食い止めることができない人口の減少という予想によっては少しも左右されないのであって、それは地球が太陽に墜落するかもしれないということによって少しも左右されないのと同じことである。どんな株式投機においても、いつかは雷が落ちるに違いないということは誰でも知っているが、自分自身が黄金の雨を受け集め、安全な場所に運んだあとで、隣人の頭に雷が命中することを誰もが望むのである。「大洪水よ、我が亡き後に来たれ！」、これがすべての資本家およびすべての資本家国民のスローガンである。それゆえ、資本は、社会によって強制されるのでなければ、労働者の健康と寿命にたいし、なんの顧慮も払わない。

（『資本論』第一巻）

一八六七年のマルクスの言葉が、まるで現代日本の社会状態を予見しているように聞こえないだろうか。

もちろん、資本家のなかにも労働条件の悪化に心を痛める良心的な人もいるかもしれないが、それでも価値増殖の追求をやめることはできない。なぜなら、資本家はたえずほかの資本家との競争にさらされているからだ。最大限の価値増殖を追求することを止めれば、彼は競争に敗れ、資本家として生きていくことはできなくなる。

資本の破滅的運動にブレーキをかけることができるのは、社会の側、とりわけ生きるために自分の労働力を破壊から守らなければならない賃労働者である。彼らが国家に働きかけることによってさまざまな労働時間規制が制定されていったのである。このような労働時間規制は、たんに労働力商品を破壊からまもるだけでなく、労働者たちの肉体的、精神的余裕を取り戻し、社会に関心をむける条件をつくるという意味もある。

それゆえ、マルクスは「それなしには、他のすべての解放の試みがすべて失敗に終わらざるをえない先決条件は、労働日［一日の労働時間のこと］の制限である」（同前）と述べ、労働時間規制をきわめて重視した。

現在の日本には労働基準法に三六協定という抜け穴があるため、事実上、労働時間規制は存在しない。残念なことだが、日本社会の惨状をみれば、このマルクスの言明がいかに正しいかがわかるだろう。

†生産力の発展

資本が剰余価値を増大させるためのもう一つの手段は、生産力の増大である。資本は、分業や機械の導入によって生産力を増大させ、剰余価値を増やすことができる。すでにみたように、生産力の増大は、抽象的人間的労働には作用しないが、有用労働には影響を与える。つまり、ある一定の労働量を投入したときに生産される使用価値量を増やすことができる。生産力が二倍になったとすると、一時間あたりに生産される価値量は変化しないが、二倍の生産物が生産されるので、生産物一個あたりに付加される価値は半減する。生産力が上がると、それだけ生産物の価値は下がることになる。

そのため、労働者の生活手段を生産する産業部門（あるいはその部門で使用される原材料や機械を生産する部門）で生産力が上がれば、労働者の生活手段の価値が下がる。労働力の価値は労働力の再生産費、すなわち労働者の生活手段の価値によって決まるのだから、労働者の生活手段の価値が下がれば、労働力の価値も下がる。

こうして、生産力の上昇は労働力の価値を下げることになる。それゆえ、一日あたりの労働時間が不変だとすると、剰余価値量は増大する。たとえば、労働時間が八時間のとき、労働力の価値が四時間分の大きさから二時間分の大きさに低下するならば、剰余価値量は四時間分から六時間分へと上昇する。このように、労働力価値の低下によって生み出される剰余価値のことを相対的剰余価値という。

とはいえ、個々の資本家は直接に相対的剰余価値を目的として生産力を上昇させるわけではない。全般的に生産力が上昇し、相対的剰余価値が生み出されるのは、個々の資本家が生産力を上昇させたことの結果にすぎない。

では、なぜ個々の資本家は生産力を上昇させようとするのだろうか。商品の生産に必要とする労働量を削減することによって、資本家同士の競争に打ち勝つためだ。

商品の価値は、個々の資本が実際に費やした労働量によってではなく、社会的に平均的な条件のもとで必要とされる労働量によって決まる。だから、ある資本家が他の資本にさきがけて効率的な生産方法を導入し、社会の平均以上の生産力によって商品を生産することができるのであれば、実際に投入された労働量よりも大きな価値をもつ商品として販売することが可能になる。

こうして、さきがけて生産力をあげた資本家は、商品の価値と実際に投入された労働量との差額を取得することによって、他の資本家よりも大きな剰余価値を取得することができる。この差額から得られる剰余価値のことを特別剰余価値という。生産力をさきがけて上昇させた資本家は、商品を価値よりは安いが、投下された労働量よりは高く売ることによって、他の資本家より安く売り、シェアを拡大しながら、特別剰余価値を獲得することができる。

これが個々の資本家がたえず生産力を上げようとする理由である。資本家たちはたがいに競争しているのだから、たえず生産力を上げ、シェアを維持し、拡大することなしには生き残っていくことができない。競争が資本家たちに生産力の上昇を強制するのである。こうして、資本が社会全体の生産力を上昇させ、相対的剰余価値を生み出すことは必然的傾向となる。資本主義社会において、これまでの社会とは比べものにならないほどに急速に生産力が増大するゆえんである。

†生産力の上昇は賃労働者にどう影響するか

それでは、このような資本による生産力の上昇は、賃労働者にどのような影響を及ぼすだろうか。端的にいえば、それは資本にたいする賃労働者の従属を強める方向で作用する。

資本は、生産力の上昇をつうじて、賃労働者に価値増殖の論理をよりいっそう強力に押しつけるのである。

まず、資本は、賃労働者から労働力を買うことで、賃労働者にたいする指揮命令権を獲得し、労働を自らの価値増殖活動にしたがわせる。これを資本のもとへの労働の形態的包摂という。ここでは、まだ生産方法の変化は生じていないが、それでも生産過程内部の関係に根本的な変化が生じている。私的生産者たちが経済的な関係を取り結ぶさいに物象化が生じたのと同じように、資本が包摂した生産過程においても物象化が生じるのである。なぜなら、資本は生産過程を価値増殖の論理によって組織するからだ。

たしかに、資本の生産過程も、使用価値を生産するという意味では、ほかの経済システムと変わらない。しかし、資本は使用価値の生産じたいを目的とするわけではない。あくまでも目的は価値増殖である。だから、資本は使用価値の生産をもっぱら価値増殖という目的にしたがって遂行するのである。

このとき、生産手段と労働者のあいだの関係に変化が生じる。使用価値の生産という観点からみれば、両者の関係は、労働者が原材料や道具などの生産手段をもちいて生産物をつくるというものである。ここでは、労働者が主体であり、生産手段は文字通り「手段」である。ところが、価値増殖という観点からみると、両者の関係は逆転する。そこでは、価値増殖が目的であり、賃労働者はそのための手段にすぎないからだ。

じっさい、賃労働者たちは、資本価値の担い手である生産手段にたえず注意を払い、その価値を無駄なく生産物に移転しつつ、それに価値を付加しなければならない。いわば労働者のほうが生産手段の都合にあわせて働かなければならないのだ。逆にいえば、労働者がそのように生産手段を資本価値として扱うからこそ、生産手段はじっさいに資本価値としての意義をもち、生産過程において価値増殖の論理が貫徹するのである。

わかりやすい例をあげよう。たとえば、自動車工場などにおいては深夜も操業することが一般的である。なぜかといえば、深夜に操業をとめると機械が傷んだり、再稼働するのに余計なコストがかかってしまったりするからだ。価値増殖の観点からみれば、これは損失にほかならない。だから、資本は、たとえ労働者の健康を犠牲にしようとも、二交代制や三交代制をしき、機械の都合にあわせて労働者に深夜労働をさせるのである。

こうして、資本の生産過程においては価値の担い手であり、労働力が生み出した価値を吸収する生産手段が主体となり、労働者の側はそのためのたんなる手段となる。これが資本の生産過程における物象化である。

この転倒した関係は、はじめは形態的なものであるにすぎない。だが、資本はやがて生産力の上昇とともに、労働の技術的条件じたいを自らに適合するように変容させ、この転倒を実質的なものとする。

すべての資本主義的生産にとっては、労働者が労働条件を使用するのではなく、逆に、労働条件が労働者を使用するということが共通しているが、しかし、この転倒は、機械とともにはじめて技術的な一目瞭然の現実性をもつものとなる。労働手段は、自動装置に転化することによって、労働過程そのもののあいだ、資本として、生きた労働力を支配し吸収し尽くす死んだ労働として、労働者に相対する。生産過程の精神的諸能力が手の労働から分離すること、および、これらの力能が労働に対する資本の権力に転化することは……機械を基礎として構築された大工業において完成される。

（『資本論』第一巻）

資本は技術や熟練、あるいは生産に必要な知識や洞察などを賃労働者から奪い、それを自らのものにする。資本が分業を組織することによって、労働者の作業を一面化・単純化し、労働者は分業に組み入れられることによってしか生産できない存在へと変えられてしまう。さらに大工業においては生産手段が機械となることによって現実に能動性を獲得し、労働者はその付属物にされてしまう。労働者個人による生産能力はいまや完全に剝奪されてしまっている。

貨幣の力によって労働力を購買し、その使用権を獲得するだけでは、資本による賃労働者の支配はまだ確固たるものではない。なぜなら、じっさいの生産過程において生産手段を扱うのは賃労働者であり、賃労働者が生産にかんする知や技術をもっているうちは生産過程を資本の思うようにコントロールし、支配することはできないからだ。それゆえ、資本は賃労働者から生産にかんする知や技術を奪い取ることにより、はじめて資本による賃労働の支配を現実たらしめることができるのである。このように、資本がたんに形態的にだけではなく、実質的に労働を包摂することを資本のもとへの労働の実質的包摂という。

このような実質的包摂は、賃労働者の労働時間をいっそう増大させる。資本に対する労働者の立場が弱くなるからである。価値ではなく、使用価値の生産を目的とする前近代社会では、生産力の増大は労働時間の減少をもたらす。ところが、剰余価値の生産を目的とする資本主義社会においては、生産力の増大は、労働時間の増大をもたらすのである。後でみるように、生産力の上昇による労働削減の効果は、各人の労働時間の削減としてではなく、労働人員の削減、すなわち失業者の増大として現れる。

なお、剰余価値の生産を目的とした生産力の上昇は、賃労働者の労働条件を悪化させるだけでなく、人間たちをとりまく自然環境をも破壊するが、このことについてマルクスがどのように考えたかは次章で詳しくみることにしよう。

†テクノロジーは技術教育を生む

大工業においては、労働者からの生産能力の剝奪を可能にするための知の様式が生み出される。それこそがテクノロジーにほかならない。

近代以前においては生産にかんする知識や技術はその生業を営む一部の人に独占されていた。つまり、秘伝の技を世襲で伝えていたギルドに典型的なように、生産にかんする知は特定の人格と結びつけられていた。それは、一方では生産にかんする知が一部の人に独占され、社会から隠されていることを意味したが、他方では生産にかんする知が労働者から一人歩きし、労働者に敵対することのないように制御していたことを意味した。たとえば、ギルドの職人たちは、抜け駆けして新たな生産方法を導入することを禁止し、自分たちの生活を不安定にするような競争が起こることを防いでいた。

ところが、大工業はテクノロジーという新しい知の様式を生み出し、生産にかんする知と労働者との結びつきを切断する。大工業においてはこれまで労働者がもっていた知識や技術が労働者から切り離され、テクノロジーという近代科学として体系化されるのである。そして、テクノロジーはじっさいの生産者のことを考慮することなく、生産方法を変革し、むしろこの新しい生産方法に生産者の行為を適応させようとする。

だが、大工業は労働者を知識や技術から切り離そうとするだけではない。大工業はテクノロジーによる生産方法のたえざる変革を特徴とするのだから、つねに変化する生産方法に対応することができる、より一般的な知識や技術をもつ労働者を必要とする。それゆえ、国家によって技術教育や職業教育が行われるようになる。

しかし、資本主義社会においては公教育による技術教育および職業教育はきわめて不十分にしか実現されない。なぜなら、資本主義的生産は労働者を従属させることによってのみ成り立つのであり、労働者にたいして全面的な生産能力を与えることはできないからだ。

だが、それにもかかわらず、マルクスは、大工業が要求する職業教育および技術教育は、変革の酵素になると考えていた。なぜなら、それはいかに不十分であれ、徹底的に生産能力を奪われた賃労働者たちがふたたび知識や技術を取り戻すための拠点になりうるからだ。つまり、マルクスは労働者たちの社会的および政治的力量の増大とともに職業教育および技術教育を充実させることによって、労働者の側に知を取り戻し、資本のもとへの労働の実質的包摂に対抗していくことができると考えたのである。

『資本論』の見方④——資本蓄積と所有

†所有とは何か

所有とはなんだろうか。所有は持っていることと同じではない。たとえば、あなたが隣に座っている人から黙ってペンを取り上げたとしても、あなたがこのペンを所有していることにはならない。

なぜだろうか。それは、持っていることを他人から承認されていないからだ。持っていることを他人から認められて、はじめてそれは所有となるのである。つまり、所有とは承認された占有にほかならない。

とはいえ、所有を成り立たせる承認のあり方はいつの時代も同じであったわけではない。マルクスが『経済学批判要綱』で詳しく述べているように、前近代の社会では、所有は基本的に人格的関係にもとづいていた。

たとえば、封建領主の土地の所有権は彼の封建領主としての身分にもとづいていたし、ギルドの親方の生産用具の所有権は彼の親方としての地位にもとづいていた。あるいは、もっと古い共同体社会では、人々は共同体の一員であることによって所有を認められていた。古代ローマの市民は、彼がローマの共同体に属しているがゆえに、ローマの土地の私的所有を認められていたのである。

ところが、資本主義社会においては、所有はまったく異なる原理で成り立つようになる。そこでは、商品や貨幣という物象の力が所有を成り立たせるのである。

私的生産者が交換をつうじて貨幣を所有することができたのは、彼の生産物が価値をもっていたからであり、その商品の買い手がそれを所有することができたのは彼が貨幣をもっていたからにすぎない。つまり、共同体的な人格的紐帯が失われている資本主義社会においては、人々は、人格的関係によってではなく、物象の力に依存して互いを所有者として承認するのである。

とはいえ、この承認はあくまで商品や貨幣の持ち主の自由意志にもとづく相互承認というかたちでおこなわれるのだから、正当なものとして通用する。たとえば、商品の売り手がまったく知らない人だとしても私が値札に表示されている貨幣を支払いさえすれば、売り手はその商品に対する私の所有権を認めるだろう。また、この所有権は社会的にも正当なものだと認められるだろう。

逆に、ある人がどんなに貧しく苦しんでいたとしても、その人がなんらかの商品を売り、貨幣を手に入れ、支払うことをしなければ、その人は商品に対する所有権を認められないだろう。また、そのことは社会的にも不当なこととはされないだろう。

それゆえ、商品生産が全面化した社会においては、物象の力にもとづく相互承認が所有の正当性の社会的基準となる。ここからさらに、市場において人は商品や貨幣の所持者として自由にふるまい、自由意志にもとづいて契約を取り結ぶのだから、市場での競争こそが自由であり、平等であり、そこで認められた所有こそが正当だという観念が生まれてくる。これは「物象の人格化」のところでみた、ホモ・エコノミクス幻想である。

たとえば、現在の日本における生活保護受給者や公務員にたいするバッシングや自己責任論は、このような物象化された正当性の観念に依拠していると言えよう。前者は市場の競争を媒介しない所有にたいする非難であり、後者は市場の競争を媒介した無所有の正当化である。

マルクスは、以上のような、物象にもとづく近代的な所有権のあり方を「商品生産の所有権」と呼んだ。

†資本蓄積と格差の拡大

物象の力にもとづく近代的な所有権、すなわち「商品生産の所有権」は、他人労働を取得する権利に転化する。というのも、物象の所持者が互いの物象を欲し、売買の契約を取り結ぶ場合には、物象の等価性しか問題にならないからだ。

いま、労働力を欲する資本家と、生きていくための貨幣を欲する賃労働者がいるとしよう。資本家と賃労働者は互いの欲求に従って交換関係に入る。たとえば、一日の労働力の価値が一万円だとすれば、資本家は一万円の貨幣を支払い、労働力を買う。労働者は労働力を売り、一万円を受け取る。この場合、両者は互いに自分の意志にもとづいて交換をおこない、しかも等しい価値をもつ物象どうしを交換した。それゆえ、「商品生産の所有権」にしたがえば、完全に正当である。

しかし、その結果はどうだろうか。資本家は賃労働者から買った労働力を消費し、他人の労働の成果を手に入れることができた。労働力が一日に生み出すことのできる価値の貨幣表現が二万円だとすると、彼はいまや二万円分の価値を取得し、一万円の剰余価値を手中にしている。他方、賃労働者は自らの労働の成果を手に入れることはできない。受け取った労賃で自らの労働力の再生産を賄うことができるだけである。

どうしてこのようなことが可能なのだろうか。それは、近代的所有が物象の力によって成り立っているからにほかならない。所有している商品の使用によってどのような結果がもたらされようと、その所有が自由な等価交換にもとづくかぎり、それは正当なものだとされるのである。
それゆえ、資本家と賃労働者の等価交換においては、「商品生産の所有権」は他人労働を取得する権利へと転化してしまう。つまり、物象化された関係が必然的に生み出す近代的所有の原則に従うかぎり、資本家はなんの正当性も失うことなく他人労働を搾取し、取得することが可能なのである。

それだけではない。資本家は、たえずほかの資本家との競争にさらされており、使用することのできる資本の量を拡大し、競争に打ち勝たなければならない。それゆえ、資本家は剰余価値の一部を自分で消費せずに、資本としてもちいる。

このように剰余価値を資本に転化することを資本蓄積という。資本家は資本蓄積することにより、より多くの他人労働を搾取し、より多くの剰余価値を取得することが可能になる。そして、さらによりいっそうの資本蓄積を推し進め、より多くの剰余価値を獲得しようとする。こうして富が富を生み、資本はますます増大する。だが、賃労働者には労働力の再生産費しか払われないから、無所有の状態から抜け出すことはできない。

こうして、資本主義社会では資本家と賃労働者の経済格差の拡大は必然的傾向になる。このような格差拡大は、一九五〇年代から六〇年代にかけての高度成長によって否定されたかのように見えたが、それはいわば例外的な現象であり、七〇年代以降、ふたたび経済格差が拡大していることはさまざまなデータが示している。昨今、話題を呼んだトマ・ピケティの『二一世紀の資本』も、マルクスとは異なる理論的立場からではあるが、膨大な統計データを用いながら、この事実を確認している。

†相対的過剰人口は人々に賃労働をさらに強制する

資本蓄積の進行にともない、失業が恒常的に発生するようになり、賃労働者たちの労働条件や生活環境はいっそう悪化する。以下、そのプロセスについて簡単にみておこう。

資本蓄積の進行とともに資本はその構成を変化させる。まず明らかなことは、生産力の上昇によって生産手段の物量がそれを使用する労働者の数に比して増大するということである。これに対応して、可変資本の価値にたいする不変資本の価値の割合も増大する。

もちろん、生産力の増大は、可変資本だけではなく、不変資本の価値も減少させるのだから、生産手段の物量の増大とまったく同じだけ不変資本の価値の大きさが増大するわけではない。しかし、全体的な傾向としてはやはり、物量の増大に対応して不変資本の価値が増大し、可変資本の価値にたいする不変資本の価値の割合は増大する。このように技術的な変化に対応して、可変資本の価値にたいする不変資本の価値の割合が増大することを資本の有機的構成の高度化と呼ぶ。

まず、資本の有機的構成の高度化なしに、資本蓄積が進んでいく場合を考えてみよう。資本蓄積が進んでいくと、それだけ可変資本も増大する。それゆえ、労働力商品にたいする需要が増大し、労働力商品の価格、すなわち賃金が上昇する。だが、賃金の上昇はいつまでも続かない。賃金が高くなりすぎると、投下した資本にみあう十分な剰余価値を獲得することができなくなるからだ。それゆえ、労働力の価格がある地点に達すると、資本蓄積が衰えてしまう。そうすると、労働力商品にたいする需要が減少し、賃金が下がる。資本は労働力を剰余価値の取得のための手段として買うのだから、それを脅かすほどに賃金が上昇することはありえない。

つぎに資本構成が高度化しつつ、資本蓄積が進んでいく場合を考えよう。資本蓄積は生産力の発展をともなうのだから、これは通常の資本蓄積のケースだと言えよう。

この場合、資本蓄積とともに、不変資本にたいする可変資本の割合は減少する。資本蓄積によって増加する労働者の数は、可変資本の割合の減少によって相殺される。資本構成の高度化をともなう資本蓄積の進行においては、労働力にたいする需要は絶対的に増大することはありえても、相対的にはたえず減少していかざるをえない。

資本蓄積にともなって絶えず進行する、このような可変資本部分の相対的減少は、資本の価値増殖にとって不必要な相対的過剰人口を生み出さずにはいない。というのも、資本蓄積の進行にともなって生み出される労働者人口を、資本の有機的構成がますます高度化していく資本が吸収できなくなるからである。ここで「相対的」というのは、たんに人口が過剰だというのではなく、資本の価値増殖にとって過剰だという意味である。

こうして、資本主義社会においては、労働する意志をもっているにもかかわらず、労働することができない失業者が恒常的に発生する。これは資本主義以前の社会ではありえないことであった。

このような相対的過剰人口は、資本にとって不可欠な存在であり、労働者にたいする資本の支配をいっそう強化する。

まず、相対的過剰人口は資本にとっての「産業予備軍」をなし、資本がさらなる資本蓄積を推し進めようとする際に、労働力のプールとして重要な意味を持つ。産業予備軍が大量に存在すれば、資本は大規模な生産拡大を労賃の高騰なしに行うことができる。

また、相対的過剰人口の存在は、賃労働者にたいする資本の立場をいっそう有利にする。なぜなら、失業している相対的過剰人口が大量に存在するということは、いま就労している労働者の競争相手が大量に存在するということにほかならないからだ。失業している人 いま働いている労働者よりも劣悪な条件であったとしても、とにかく職に就くことをむだろう。また、いま働いている人は、失業している人にとってかわられないように、より低い賃金で、より長い労働時間、より高い強度の労働を自発的におこなうことを強制されるだろう。

こうして、労働条件は全般的に悪化し、労働者にたいする資本の支配は強化される。このことは、「半失業」ともいわれる非正規雇用が増大する現代日本において、いわゆる「ブラック企業」が蔓延していることからも見てとれるだろう。

したがって、このような資本の支配の強化に対抗するには、失業者の生活保障が決定的に重要な意味を持つことがわかる。じっさい、職人たちを中心とした一九世紀のクラフトユニオンは、自分たちで共済組合をつくることにより、失業者の生活保障をおこない、自分たちの労働条件の悪化を防いだのである。この機能が現代に引き継がれたのが雇用保険だということができよう。それゆえ、雇用保険が機能不全に陥っている現代日本では、賃労働者はそれだけ弱い立場に置かれているのである。

『資本論』の見方⑤——恐慌はなぜ起こるのか

†資本主義は恐慌を回避することができない

資本主義的生産様式が生み出す矛盾は、貧困や格差、あるいは労働問題だけではない。資本主義は周期的に経済恐慌を生み出し、社会的再生産の困難をもたらしてきた。

経済恐慌とは、全般的な過剰生産に陥り、生産活動が減退して生産手段と労働力の需要が低落し、それによる労働者の大量失業がさらなる需要の収縮を帰結する、というような現象である。『資本論』は、このような恐慌という現象を解明するにあたっても、強力な理論的武器を与えてくれる。

以下では、マルクスが完成させた『資本論』第一巻にとどまらず、未完成に終わった第二巻（後のエンゲルスの編集では第二巻および第三巻）のための草稿も参照しつつ、この恐慌の問題についてみていこう。

†なぜ恐慌が起こるのか

そもそもなぜ恐慌が起こるのだろうか。

資本主義以外の社会では経済恐慌が発生することはない。すでにみたように、資本主義以前の経済システムにおいては、労働の社会的配分や生産物の社会的分配の問題を、伝統や習慣、あるいは共同体の決定によって解決することができるからだ。そうした社会では、社会の必要をこえて生産物を作りすぎるという現象はほとんど起こらないし、ましてやそれによって失業や貧困が発生することもない。

ところが、資本主義という経済システムにおいては、生産は私的生産者たちの個人的利害によって私的に行われる。生産が直接に社会的にコントロールされず、無政府的に行われるのであれば、たしかに恐慌は発生しうるように思われる。

だが、それだけでは、恐慌が起こるとは言えない。すでにみたように、資本主義社会において労働配分や生産物分配の問題は、市場メカニズムをつうじて間接的に解決されているからだ。

では、このような市場メカニズムの自己調整的性格にもかかわらず、恐慌が発生することがあるのはなぜなのだろうか。このことを考える上で重要なのが、商品の価値表現にとって不可欠な貨幣の存在である。というのも、マルクスによれば、「恐慌は貨幣流通なしには起こりえない」(『経済学批判』)からである。

マルクスの時代の経済学者の多くは、ジャン＝バティスト・セーが定式化した「セー法則」に大きな影響をうけていた。この法則によれば、供給はそれと同じだけの需要を生み出す。なぜなら、そもそも生産者がその商品を生産したのは自分が必要な商品を手に入れるためだからだ。このロジックにしたがえば、供給が多いということは、それだけ需要が多いということを意味する。それゆえ、個々の商品が偶然的に需要よりも過剰に生産されるということはあっても、社会全体で過剰生産がおこることはありえない、と考えられたのである。

マルクスはこのセー法則を徹底的に批判した。マルクスによれば、そのような「愚論」に陥ってしまうのは、貨幣の性格について思い違いをしているからにほかならない。

セー法則に影響を受けた経済学者たちは、貨幣は商品交換を便利にするための道具にすぎないと考えていた。例えば小麦所持者が鉄を手に入れようとしたとき、物々交換では小麦所持者が鉄を欲し、鉄所持者が小麦を欲するという極めて偶然的なケースしか交換がなりたたない。だから、より円滑に交換をおこなうための手段として貨幣が導入されたと考えた。この考え方によれば、貨幣はたんに物々交換を円滑にするための手段にすぎないのだから、商品交換を攪乱させることはまったくない。こうして、彼らは商品流通を事実上、物々交換と同一視し、ある商品の販売は他の商品の購買に等しいと考えたのである。

しかし、すでにみたように、貨幣はたんに商品交換を便利にするための道具ではない。というのも、貨幣は商品の価値表現にとって不可欠であり、あらゆる商品にたいする直接的交換可能性という力を独占している特別な物象だからである。

たしかに、貨幣によって商品交換が便利になり、それがますます発展していくということは事実である。しかし、貨幣はただ交換を円滑にするだけではない。それがもつ特別な力によって新たな矛盾を生み出してしまう。それは、商品どうしの交換が販売と購買へと、分裂してしまうということだ。誰でも貨幣を持っていれば購買することはかならずできるが、商品を持っているからといってそれを販売できるとはかぎらない。マルクスが言ったように、商品が貨幣になることは「命がけの飛躍」となる。

　こうして、商品交換が販売と購買に分裂すると、もはや「ある商品の販売＝別の商品の購買」というセー法則の想定は成り立たない。なぜなら、自分の商品の販売は、その販売によって取得した貨幣で別の商品を購買することなしに、おこなうことが可能だからだ。このような商品交換の販売と購買という対立的な行為への分裂が、恐慌の可能性を生み出すのである。

　ある商品が販売できるかどうかは、その商品を購買しようとする人がいるかどうかにかかっている。ところが、ある人が自分の商品を販売して貨幣を入手したとしても、必ずしもこの貨幣をつかって新たに商品を購買する必要はない。貨幣は直接的交換可能性をもっているがゆえに、いつでも好きなときに使用できる。だから、それがいつふたたび流通に入るかはそのときどきの事情に依存する。たまたま市場に自分が欲しい商品が存在しないなどの理由によって、貨幣を手元にとどめておくということも起こりうる。

　こうして、いったん商品流通の流れが途切れてしまうと、それが連鎖していく可能性がうまれる。商品が売れないために、その商品の所持者が他の商品を購買できず、その商品もまた販売できなくなる、といった具合である。このような販売不能の連鎖が社会的に拡大すると、恐慌になる。

もちろん、ここではまだ、恐慌が起こりうるということを一般的に説明しているにすぎない。すなわち、恐慌の可能性について説明したにすぎない。恐慌がどうして現実に発生するかということ、すなわち恐慌の現実性を説明するには資本蓄積の運動について考慮することが必要である。

†資本の行動の基準としての「利潤率」

これまで資本家が取得する利得は剰余価値という概念で考察してきた。剰余価値は資本家が購買した労働力が生み出した価値と、資本家が労働力の購買にあたって支出した労働力の価値との差額であった。

ところが、資本家が資本を投下することによって取得する利得は、現実には労働力の産物ではなく、投下総資本の産物として考えられている。なぜなら、資本家が現実に生産を行うには、自らの資本を労働力にたいしてだけでなく、生産手段にたいしても投下しなければならず、この自らが投下した資本全体にたいしてどれだけの多くの儲けを生み出すことができるかが問題になるからだ。このように、投下総資本の産物として考えられた剰余価値のことを利潤という。現実の資本家にとっては、剰余価値はつねに利潤という形態をとって現れるのである。

いま、剰余価値(Mehrwert)を略号mで表し、労働力に投下された資本部分、すなわち可変資本(variables Kapital)を略号vで表し、生産手段に投下された資本部分、すなわち不変資本(constantes Kapital)を略号cで表すとしよう。

そうすると、資本が投下した可変資本にたいしてどれだけの剰余価値を取得しているかを示す剰余価値率は$\frac{m}{v}$となる。これは、労働者をどれだけ搾取しているかを示している。一般に剰余価値率が高ければ高いほど、資本家が獲得する利潤は多くなる。

だが、資本家たちが直接に関心を持つのは、この剰余価値率ではない。彼らが直接に関心を持つのは、投下総資本にたいしてどれだけの剰余価値を取得できるのかを示す利潤率であり、これは$\frac{m}{c+v}$と書くことができる。この利潤率こそが、資本家の行動基準となるのである。

たとえば、資本家はどの産業部門に投下するか、資本蓄積をどの程度おこなうかといったことを、それぞれの産業部門の利潤率をみて、判断する。このように、利潤の最大化を目指す資本家の行動を規定する最大の要因は利潤率であり、これを考慮することなしに現実の資本の運動を理解することはできない。

†一般的利潤率が成立するプロセス

資本家は利潤を最大化するために、利潤率を基準にして行動する。この資本家の行動が各産業部門の利潤率を均等化し、一般的利潤率を成立させる。そのプロセスをみていこう。

もし生産された商品がすべて価値どおりの価格で交換されているとすれば、あきらかに産業ごとに利潤率が異なる。たとえば、製鉄業のように人件費にくらべ、設備投資や原材料費に圧倒的に多くのコストがかかる産業では、投下総資本$c+v$のうち、不変資本cが占める割合が他の産業より多くなる。こうした産業では、剰余価値を生産する可変資本の割合が低いのだから、利潤率 $\frac{m}{c+v}$ は低くなる。

他方、サービス産業のように、人件費が大部分を占める産業では、投下総資本のうち可変資本vが占める割合が他の産業よりも多くなる。こうした産業では、剰余価値を生産する可変資本の割合が高いのだから、利潤率は高くなる。

技術的条件を反映するcとvの割合、すなわち $\frac{c}{v}$ のことを資本の有機的構成と言うから、価値どおりの価格を前提すれば、資本の有機的構成が高い産業では利潤率が低くなり、資本の有機的構成が低い産業では利潤率が高くなる。

だが、このような産業ごとの利潤率の差異は、利潤の最大化を求める資本の運動によって打ち消されることになる。というのも、資本家たちは自分の利潤を最大化するために利潤率の低い産業から高い産業に移動していくからだ。

このような移動がおこなわれると、各生産部門の需給関係に変化が起こる。利潤率が低い産業からは資本が撤退していくので、需要にたいして供給が減少し、商品価格が価値以上に上昇していく。このような価格の上昇は、資本が平均的な利潤率で利潤を取得するのを可能にするまで続くであろう。このとき、平均的な利潤率での利潤の取得を可能にする商品価格のことを生産価格という。

逆に、利潤率が高い産業には資本が流入してくるので、需要にたいして供給が増大し、商品価格が価値以下に下落する。このような価格の下落は、資本が平均的な利潤率で利潤を取得する価格、すなわち生産価格に達するまで続くだろう。

こうして利潤の最大化を目指す資本の運動は、価値を中心として成立していた既存の需給関係を変化させ、生産価格を中心とした新たな需給関係を打ち立て、各生産部門の利潤率を均等化する。このような均等化によって成立する利潤率のことを一般的利潤率といい、この一般的利潤率によって取得される利潤を平均利潤という。商品の生産価格は、その各商品の生産に資本家が支出した費用、すなわち費用価格（原材料費、機械や道具などの労働手段の摩滅分の費用、労働力の費用の総計）と平均利潤の合計となる。

なお、このように一般的利潤率が成立すると、商品の価格変動の中心点は価値ではなく、生産価格になる。だが、すでにみたように、生産価格は量的には価値とは異なるが、抽象的人間的労働の社会的性格を表しているという意味では同じである。というのは、資本家たちは利潤率を基準として行動することにより、社会的総労働の各産業部門への配分を、価値によって成立する需給関係から乖離したかたちであれ、実現するからである。つまり、生産価格もまた社会的総労働の社会的配分に制約されているという意味で、価値法則が貫徹しているのである。

†資本主義社会の利潤率は低下していく

じつは、資本主義社会において、先に見た一般的利潤率は低下していく傾向にある。というのも、資本主義的生産様式のもとでは生産力が必然的に上昇していくが、この生産力の上昇にともなって、すでにみた資本の有機的構成の高度化がおこるからだ。

このことを数式で確認しておこう。剰余価値率 $\frac{m}{v}$ を m' とし、資本の有機的構成 $\frac{c}{v}$ を k とすると利潤率 $\frac{m}{c+v}$ は $\frac{m'}{k+1}$ と書ける。当然、k が増えれば分母が増大し、利潤率が低下する。

だが、すぐ気づくように、この式は同時にこの低下が傾向的でしかないことを示している。というのも生産力の上昇は相対的剰余価値をもたらすのだから、分母だけでなく、分子m'も上昇するからだ。さらには、生産力の上昇は不変資本cを構成する商品の価値を下落させるのだから、kの増大も緩やかにするであろう。

このように、生産力の上昇はkの増大をもたらすだけでなく、同時にm'の上昇をもたらしたり、cを構成する商品の価値を低下させたりすることによって利潤率の低下を妨げる働きもする。それゆえ、利潤率の低下は一方的なものではなく、傾向的なものにならざるを得ないのである。

このように、資本主義的生産様式がその発展とともに一般的利潤率を傾向的に低下させていくことを利潤率の傾向的低下の法則という。個々の資本家は自らの利潤を最大化し、競争に勝ち抜くために生産力を上げるのであるが、そのような個別的な利潤を最大化するための行動が、結果として、社会全体の一般的利潤率を低下させることになるのである。

利潤率の低下が恐慌を現実化する

この利潤率の傾向的低下の法則が重要なのは、それが資本の蓄積運動に大きな影響を与え、経済恐慌を現実のものとするからだ。マルクスはそのプロセスを『資本論』第三部の草稿においておおむね以下のように描いている。

マルクスによれば、産業循環（いわゆる「景気循環」）の起点は、「中位の活気」である。これは、恐慌後の停滞期を抜け出して、新たな産業循環が始まっていく時期の状態を指す。停滞期を抜け出し、中位の活気の状態になるには、新しい市場が開拓されたり、新しい使用価値が開発されたり、新技術が開発されたりすることが必要である。逆に言えば、これらの条件が十分に整わなければ、なかなか停滞から抜け出すことができなかったり、たとえ産業循環が開始されたとしても、弱々しい産業循環になったりする。

さて、このような中位の活気の局面では、新たに開発された技術が次々に導入され、生産力が高められ、資本の有機的構成が高度化する。しかし、この段階ではまだ一般的利潤率は低下せず、むしろ増大する。なぜなら、この局面では特別剰余価値の獲得が活発に行われているし、新市場の開拓や新使用価値の開発によって需要が増大しており、商品の市場価格が騰貴するからである。

このような高い利潤率に刺激され、資本蓄積が活発に行われ、産業循環の局面は「繁栄期」に入っていく。生産手段や労働力にたいする需要が増大するとともに、消費手段にたいする需要も増大し、資本蓄積はいっそう活発に行われる。だが、まさにこのように資本蓄積が活性化することにより、繁栄期の末期には一般的利潤率が低下を始める。というのも、新技術が普及することにより、資本の有機的構成の高度化がいっそう進むとともに、特別剰余価値の獲得が困難になっていくからである。

だが、この局面では、まだ利潤の絶対量は増大し続けている。利潤率の低下よりも速いペースで資本蓄積が行われる限りでは、利潤量は増大し続けることができるからである。資本は利潤率の低下という自らにたいする制限を、ときには信用（銀行の貸し付けなど）も利用しつつ、加速的な蓄積によって突破しようとする。

こうして、産業循環は「過剰生産期」に突入する。この時期になると、いっそうの加速的蓄積により生産手段の価格や労賃の高騰がおこり、利潤率はますます低下する。

たしかに、社会的需要が旺盛なあいだは、生産手段価格や労賃の高騰を商品価格に上乗せして利潤率の低下をある程度防ぐこともできるだろう。しかも、商業資本（卸売りや小売りなど）の積極的な拡大が「架空の需要」を作り出し、他方ではバブルによって資産が騰貴し資金調達が容易になる。過剰生産であるにもかかわらず、すべてが上手くいっているかのような外観が当面は維持される。

だが、これまでの膨大な蓄積による商品供給の増大は、膨張した社会的需要をも満たし、費用価格の上昇を商品価格に転嫁することを困難にしている。しかも、資本主義社会において人口の大部分を占める賃労働者は、基本的には労働力の再生産費しかうけとっておらず、たとえ景気の過熱のもとで賃金が上昇しているとしても、やはり有効需要は限られている。商業資本や信用も、いつまでも過剰生産を隠蔽し続けることはできない。

こうして、「過剰生産期」における加速的蓄積は、ある段階で、蓄積によってむしろ利潤量が減少してしまうという事態をもたらす。つまり、投下資本量を増大させることにより、利潤率が急落し、かえって利潤量が減少してしまう。マルクスはこのような事態を「資本の絶対的過剰生産」と呼んだ。資本の絶対的過剰生産の状態になると、蓄積がとまり、生産手段にたいする需要が急激に減少し、その部門で雇用されている労働者の多くが失業し、消費手段部門の需要も急激に減少する。利潤率はいっそう低下する。こうして、恐慌が現実のものとなるのである。

だが、恐慌は社会的再生産を攪乱させるだけではない。資本にとって、それは生産を調整し、利潤率を回復させる時期でもある。というのも、社会的需要の低下により、生産手段価格や労賃が急落し、生産コストが減少するからである。

とはいえ、恐慌後の停滞を自動的に脱することができるわけではないことは、先に述べたとおりである。資本は前期の産業循環で獲得した技術水準や市場を基礎とし、さらにそれらを発展させる要素を見いだすことによって、はじめて新たな産業循環を開始できる。だから、資本は産業循環のたびに、ますます大きな困難にぶつかるようになる。

もちろん、以上は産業循環の典型的なケースについて、『資本論』草稿の一部にしたがって説明したものにすぎず、マルクスの恐慌論の全部を説明したものではない。ましてや、現実の恐慌のすべてを明らかにするものでもない。

しかし、マルクスの恐慌論は現実の不況や経済的停滞を分析するさいの理論的武器になる。とくに重要なのは、それらが根本的には「金融」の問題ではなく（もちろん、それらは恐慌を激化させたり、緩和させたりするが）、実体経済の問題、すなわち現実の産業部面に投下され、運動する現実資本の問題であることを明らかにしているということだ。

たとえば、日本をはじめとした先進資本主義国では、資本主義が発展し、利潤率の傾向的低下と市場の成熟が進んでしまっている。だからこそ、資本蓄積が不活性であり、停滞状態から抜け出すことができないのである。財政出動や金融政策によって恐慌を抑制し、緩和することができるとしても、それらによって資本蓄積を活性化させることはできない。

もし、このような状況で強引に「経済成長」を追求しようとするならば、労働時間の延長や労働の強度の強化による剰余価値率＝搾取率の増大、さらに本来は市場化すべきではない社会的基礎サービスの領域（教育、介護、保育、医療）の市場化が強行され、よりいっそうの社会的再生産の攪乱が生じることになるだろう。

『資本論』の見方⑥——資本主義の起源とその運命

マルクスは『資本論』第一巻の締めくくりとして、資本主義的生産様式の歴史的起源と運命について論じている。

マルクス以前の経済学者たちの多くは、資本主義の起源を勤勉な人々の節制と蓄財に求めた。真面目に働いて蓄財した人々が資本家となり、資本主義を生み出したのだ、と。

しかし、マルクスが言うように、「現実の歴史では、よく知られているように、征服や圧政や強盗殺人が、要するに暴力が大きな役割を演じている」(『資本論』第一巻)。資本主義もまた、暴力を「助産婦」として、旧社会、すなわち封建社会の胎内から誕生した。すなわち、土地の事実上の所有者であり、ほぼ自給自足の生活を営んでいた農民を土地から引き剝がし、労働力しか売るものを持たない賃労働者を生み出すことによって、資本主義は生まれてきたのである。この誕生のプロセスのことを本源的蓄積という。

このプロセスが世界に先んじて、典型的な形態で遂行されたのが、イングランドである。徐々に重要になりはじめた貨幣収入を得たいと考えていた封建領主たちが、輸出向けの商品であった羊毛を生産するために、暴力をもちいて強制的に農民を土地から追い出し、彼らの共有地も剝奪し、農地を牧羊地に変えたのである。しかも、こうして強奪した土地は、もはや前近代的な人格的従属関係にもとづいて所有されるのではなく、物象の力にもとづく排他的な形態で所有され、農民たちは土地から完全に排除される。いわゆる「エンクロージャー」である。

こうして既存の封建的な共同体秩序が解体され、無所有の私的個人となった人々が大量に現れる。彼らは近代的な規律になれていないので、わざわざ自分から自発的に労働力を売り、他人の指揮下で過酷な労働を行いはしない。むしろ、彼らは乞食や盗賊、浮浪人となった。彼らを賃労働に従事させるには立法による強制が必要であった。

暴力的に土地を収奪され、追放され、浮浪人にされた農村民は、グロテスクでテロリズム的な法律によって、鞭打たれ、焼印を押され、拷問されて、賃労働システムに必要な訓練をほどこされた。

（『資本論』第一巻）

こうして、私的生産者に雇用され、賃労働をおこなう賃労働者が大量に生み出される。同時に、多くの人々が自給自足の生活を破壊され、賃労働者になることで、商品経済がいっそう浸透していく。他方では、エンクロージャーや植民地支配などによって富を収奪した領主たちや成功した富裕農民が資本家となる。

以上が本源的蓄積のプロセスの概観である。まさに「資本は、頭から爪先まで、あらゆる毛穴から、血と汚物とをしたたらせながら、この世に生まれてくる」（同前）のである。

では、このようにして誕生した資本主義的生産様式はどのようにして、新しい社会を産み落とし、消えていくのか。この点については、すでに資本主義的生産様式の分析じたいが多くの示唆を与えているが、未来について多くを語らないマルクスは次の簡潔な叙述を残しているだけである。

少数の資本家による多数の資本家の収奪と相ならんで、ますます増大する規模での労働過程の協業的形態、科学の意識的な技術的応用、土地の計画的な共同的利用、共同的にのみ使用されうる労働手段への労働手段の転化、そして結合された社会的な労働の共同的生産手段としてのその使用によるすべての生産手段の節約が発展する。この転化過程のいっさいの利益を横奪し独占する大資本家の数がたえず減少していくにつれ、貧困、抑圧、隷属、堕落、搾取の総量は増大するが、しかしまた、たえず膨張し、資本主義的生産過程それじしんのメカニズムによって訓練され、結合され、組織される労働者階級の反抗も増大する。資本独占はそれとともに、またそれのもとで開花したこの生産様式の桎梏《しっこく》となる。生産手段の集中と労働の社会化は、それらの資本主義的外皮とは相容れなくなる一点に到達する。この外皮は粉砕される。資本主義的私的所有の弔鐘が鳴る。収奪者が収奪される。（同前）

さらに、マルクスは資本主義の誕生と死滅のプロセスを次のように総括する。

資本主義的生産様式および取得様式、したがって資本主義的私的所有は、個人的な、自己労働にもとづく私的所有の最初の否定である。資本主義的生産の否定は、それじしんによって、自然過程の必然性をもって生み出される。これは否定の否定である。それは個人的所有を再建するが、しかし、資本主義時代の成果の基礎のうえに、すなわち自由な労働者の協業や彼らによる土地や労働そのものによって生産された生産手段の共同所有の基礎のうえに、個人的所有を再建するのである。（同前）

封建制の末期に現れた自営農民たちは、事実上、土地の私的所有者であった。その意味で彼らは生産手段と自由に結びついており、ちょうど「楽器の名手が楽器の自由な所有者である」のと同じように、「手の熟練や工夫の才や自由な個性」を磨くことができたのである(『資本論』第一巻フランス語版)。資本主義的生産様式はこの結びつきを本源的蓄積によって破壊し、賃労働に従事する無所有の私的個人を生み出すことによって誕生した。

ところが、この資本主義じたいがふたたびそれじしんのメカニズムによって、賃労働者を結合させ、彼らの労働のあり方を社会化していく。資本主義が生み出す矛盾と闘うために労働者の反抗も増大し、自由な結社、すなわちアソシエーションを形成しようとする動きも活発になる。そして、労働環境の悪化、環境破壊、利潤率の傾向的低下、恐慌による社会的再生産の攪乱が著しくなり、資本主義のもとでの社会の存続が困難になるほどまでに生産力が増大すると、やがて資本主義的生産様式は変革されざるをえなくなる。

こうして、資本主義時代の生産力の発展、労働の社会化、そして資本主義への対抗をつうじて生み出されたアソシエーションの試みを基礎として、個人的所有が再建される。所有の主体は国家や社会ではなく、自由なアソシエイトによって人格的に結びついた自由な諸個人である。彼らは、あたかも前近代の独立自営農民や職人のように、生産手段との自由な結びつきを回復する。こうして、私的労働と賃労働という労働形態は廃絶され、したがって資本主義的生産様式も廃絶される。誕生するのは、自由な諸個人のアソシエーションにもとづく社会である。

第3章 資本主義とどう闘うか［1867～1883年］

――晩期マルクスの物質代謝の思想

†変化したマルクスのヴィジョン

一八六七年四月、マルクスはついに『資本論』第一巻を脱稿した。この時点では第二巻の部分の原稿はまだ荒っぽい草稿であったが（その後、マルクスは完成の努力を続けたが、未完のままにおわった）、それでも変革のヴィジョンは以前よりもはるかに具体的で現実的なものになっていた。ある意味では、以前の変革構想に根本的な修正が加えられたと言っても良いだろう。

もちろん、このような変化を引き起こしたのは、経済学研究だけではなかった。すでにみたように、マルクスは、一八五二年から一〇年ほど、『ニューヨーク・デイリー・トリビューン』に寄稿し、いくらかの収入を稼いでいた。マルクスは、この取り組みのなかでヨーロッパ情勢にとどまらず、インドや中国、そして南北戦争などをグローバルな視点から俯瞰した。この経験は、理論家としてのマルクスの視野をよりいっそう広め、発展させた。

さらに、マルクスは一八六四年に結成された国際労働者協会（略称インタナショナル）の活動に積極的に関わった。インタナショナルは、史上初の労働者による国際結社であり、一〇年ほどしか存続しなかったにもかかわらず、大きな影響力をもった。マルクスが主導して立ち上げた団体ではなかったが、マルクスは規約作成の委員に選出され、「創立宣言」と「暫定規約」を執筆し、それ以降もインタナショナルのほとんどの公式文書を起草した。活動から遠ざかっていたマルクスはインタナショナルの評議員として復帰し、指導的な役割を果たすことになったのである。また、マルクスは通信書記として、ドイツの労働運動にも関与した。

これらの実践活動もまた、マルクスの理論に大きな影響を与えた。マルクスの変革構想の発展は、現実との緊張関係のなかでなされた理論活動の産物であった。

それでは、マルクスの変革のヴィジョンはどのように変化したのだろうか。

もっとも重要なのは、いわゆる「恐慌革命論」を撤回し、長期的な改良闘争を重視するようになったことである。第1章でみたように、『共産党宣言』を執筆した当時のマルクスは、革命の究極的な根拠を生産力と生産諸関係の矛盾に見いだし、この矛盾が恐慌として噴出するときに革命が起こると考えた。じじつ、四八年革命は恐慌を契機として勃発し、経済の回復とともに革命の波は引いていった。マルクスは一八五〇年にこのプロセスを総括し、次のように書いた。「新しい革命は新しい恐慌に続いてのみ起こりうる。しかし革命はまた、恐慌が確実であるように確実である」(「評論、一八五〇年五〜一〇月」)。これが「恐慌革命論」である。ところが、『資本論』を書き終えたマルクスは、もはやこのような単純な「恐慌革命論」をとらなかった。理由はいくつかある。

まず、次に発生した五七年から五八年にかけての恐慌は、支配的な政治体制を動揺させたものの、革命を引き起こすことはなかった。この事実に直面して、すくなくとも「革命はまた、恐慌が確実であるように確実である」というテーゼは撤回せざるをえなかった。

他方、第2章でみたように、マルクスは理論的にも資本主義の強力さをより深く認識するようになっていた。『共産党宣言』の頃のマルクスは、資本主義が既存の封建的諸関係を破壊し、幻想的な人格的な絆をたんなる金銭関係に置き換えることによって、人々のあいだの利害関係が露骨に現れ、変革が容易になると考えていた。ところが、『資本論』のマルクスは、そのような単純な見方をしりぞけている。資本主義的生産様式は生産関係の物象化にもとづいており、むしろ人間たちのあいだで取り結ばれている生産関係を物象どうしの関係によって覆い隠し、物神崇拝によって人々を幻惑させる。それだけでなく、人々が日々、物象の人格的担い手として行動することにより、物象の論理、価値の論理が知らず知らずのうちに人間たちの欲望のあり方や正当性の観念を変容させていき、人々は「ホモ・エコノミクス」的な人間像を違和感なく受け入れるようになってしまう。

たとえ資本主義の発展とともに恐慌をはじめさまざまな諸矛盾が激化していくとしても、他方では、人々を支配する物象の力も増大し、人々の人格性にまで食い込んでいくのであるから、それに対抗することは決して容易ではない。ましてや恐慌が革命を引き起こす必然性を断言することはできない。

さらに、マルクスは『資本論』において、生産力と生産関係の矛盾をより包括的に捉えるようになった。前章でみたように、資本主義的生産様式がたえず生み出す生産力と生産関係の矛盾は、恐慌にとどまらず、労働力の再生産の破壊、自然環境の破壊など、さまざまな事象に現れる。このように、恐慌の位置づけを相対化したことも、恐慌革命論をしりぞけた理由の一つであっただろう。

†改良闘争への高い評価

楽観的な恐慌革命論を撤回したマルクスは、以前よりも長期にわたる改良闘争を重視するようになった。

典型的なのは、前章でも触れた労働時間規制のための闘争である。マルクスは、労働時間規制によって賃労働者たちが資本の支配から自由な時間を確保できるようになることを重視した。『経済学批判要綱』で述べられているように、「余暇時間でもあれば、高度の活動のための時間でもある自由時間は、もちろん、その持ち手をある別の主体へと転化する」からである。

逆に、賃労働者がこのような自由時間を確保できず、資本のもとで長時間労働に従事させられているあいだは、物象の力に対抗しうるような主体を形成することは困難である。だからこそ、マルクスは「それなしには、他のすべての解放の試みがすべて失敗に終わらざるをえない先決条件は、労働日の制限である」とまで述べ、労働時間規制の重要性を強調したのである。

職業教育や技術訓練の重要性の強調についても同様のことが言えるだろう。前章で見たように、これらは大工業の必要性によってなされるものであるが、そうであるにもかかわらず、賃労働者たちが生産的知識を取り戻し、資本に対抗する力を身につけるという意義をもっている。労働時間規制が資本の形態的包摂への対抗戦略だとすれば、職業教育や技術訓練は資本の実質的包摂への対抗戦略としての意義を持つのである。

この文脈で考えれば、マルクスが『資本論』草稿やインタナショナルの文書のなかで、以前には否定的であった協同組合運動を高く評価するようになった理由も明らかであろう。

マルクスはけっして協同組合運動だけで社会変革ができるとは考えなかった。生産者協同組合はある意味では生産者によるアソシエーションだということができるが、それが一つの企業であり、他の資本との競争にさらされているかぎり、依然として私的労働にとどまっているからだ。

しかし、協同組合の活動をつうじて、労働者たちが資本の力に依存せずに生産を組織する力を養うことは可能である。そのかぎりで、協同組合運動は長期的に賃労働者たちの力量を高めるものとなりうるのである。

さらにマルクスは、以前から高く評価していた労働組合にも、「労働組合は、資本と労働のあいだのゲリラ戦にとって必要であるとすれば、賃労働と資本支配のシステムそのものを廃止するための組織された手段としてはさらにいっそう重要である」(「個々の問題についての暫定評議会代議員への指示」)という非常に高い位置づけを与えている。

マルクスがこのように長期にわたる改良闘争を重視するようになったのは、けっしてマルクスの見解が「穏健」になったということではない。ジャーナリストとしてグローバルな視野から資本主義を観察し、実践家として資本主義の強力さに直面し、さらには理論家として資本主義的生産様式をより深く根底から分析するようになったことの結果である。マルクスは、私的労働として遂行される賃労働がたえず生み出す物象の力の強力さを深刻に認識するようになったからこそ、資本主義的生産様式の根本的な変革のためには、長期的な改良闘争が必要であることを強調するようになったのである。

社会変革が生産様式じたいの根本的な変革であるかぎり、政治権力を掌握する政治革命だけでは十分ではない。アソーシエイトした労働者たちが物象の力に頼ることなく、自分たち自身の力で社会を運営することができなければならない。マルクスは『フランスの内乱』において次のように書いている。

労働者階級は、自分自身の解放をなしとげ、それとともに、現在の社会がそれ自身の経済的作用によっていやおうなしに向かっていく、あのより高度な形態をつくりだすためには、長期の闘争、すなわち環境と人間とをつくりかえる一連の歴史的過程をくぐりぬけなければならない。

いまやマルクスの変革構想には、よりいっそうの具体性、現実性が与えられている。マルクスは、特定セクトの特殊理論によって運動を歪めることを厳しく批判し、資本主義的生産様式の分析から導き出される一般的指針を示すにとどめ、より具体的な運動方針は実践にまかせる立場をとった。それでも、『資本論』において、どのような実践によって「産みの苦しみを短くし、やわらげる」ことができるのか、その大枠は示されていると言ってよい。

ここではもはや、労働者階級は恐慌の到来を待ち、来たるべき危機に政治権力を掌握し、急進的に社会変革を遂行するのではない。政治革命に先立ち、改良闘争をつうじて、アソシエーションを形成し、物象の力を抑制しなければならない。資本の形態的包摂と実質的包摂に対抗し、物象の力に抗する力、言い換えれば物象の力に依存することなく社会を運営する力を鍛え上げなければならない。さらには政治革命の後も、アソシエーションを形成し、物象の力を抑制する努力を継続しなければならない。これらの実践こそが、「産みの苦しみを短くし、やわらげる」ための実践なのである。

だが、マルクスの変革構想の発展はこれにとどまらなかった。晩期のマルクスは、『資本論』で展開した理論にもとづいて、よりいっそう豊かな変革構想を練り上げていくのである。

†アソシエーションとしての共産主義社会

晩期マルクスの新たな変革構想の話をする前に、マルクスの未来社会論について簡単にふれておこう。

教科書的な理解では、マルクスが提唱した社会主義とは、共産主義者が政権をとった国家が生産手段を国有化し、計画経済をおこない、平等な分配を実現するものだとされる。さらに、このような理解にもとづいて、「社会主義においては国家が肥大化し、官僚主義や経済的な非効率が蔓延し、民主主義が抑圧される。だからソ連は崩壊したのだ」というふうに、社会主義を批判することが一般的だ。

しかし、このような「社会主義」は、マルクスがポスト資本主義社会として展望した社会主義とはまったく違ったものである。

第一に、社会主義は、なんらかのグループや政党が政権を取り、「生産手段の国有化」を宣言することによって実現できるようなものではない。およそどのような生産様式の変革であれ、人類史的な事業であり、特定の個人やグループによる恣意によって実現できるようなものではない。社会主義社会の実現にあたっても、すでにみたような歴史的なプロセスを前提とした客体的及び主体的諸条件の成熟が必要である。

第二に、生産手段を国有化し、計画経済をおこなうだけでは、資本主義的生産様式を廃絶することはできない。前章でみたように、生産様式のあり方を根底的に規定するのは、労働のあり方である。人間たちが私的個人に分裂したままであるかぎり、どれほど生産手段を国有化しようとも、生産の私的性格は根本的には変化せず、商品や貨幣もまた廃絶されない。また、生産手段を国有化しただけでは、たんに資本の担い手が私的個人から国家官僚に移行するだけであり、そこで働く労働者が賃労働者であることには変わりない。

このことは、かつて生産手段を国有化し、計画経済をおこなったソ連をみれば明らかであろう。要するに、生産手段の国有化と計画経済はせいぜい資本主義の変形したヴァージョンを作り出すにすぎない。

生産様式を変革するには労働のあり方を変革することがカギとなる。私的労働をアソーシエイトした自由な労働者たちの共同労働に変革し、生産手段から分離された賃労働を生産手段と生産者との本源的統一のもとでの労働へと変革しなければならない。これを実現するものこそが、労働者たちのアソシエーションであった。マルクスは『フランスの内乱』において次のように書いている。

もし協同組合的生産が欺瞞《ぎまん》やわなにとどまるべきでないとすれば、もしそれが資本主義システムにとってかわるべきものだとすれば、もし協同組合の連合体が一つの共同計画にもとづいて全国の生産を調整し、こうしてそれを自分の統制のもとにおき、資本主義的生産の宿命である不断の無政府状態と周期的痙攣を終わらせるべきものとすれば——諸君、それこそは共産主義、「可能な」共産主義でなくてなんであろうか？

ここに端的に示されているように、マルクスにとって「可能な」共産主義とは、国家による計画経済などではなく、労働者たちのアソシエーションである協同組合が互いに連合し、社会的生産を調整する、そのようなシステムであった。

このようなシステムにおいては、アソーシエイトした生産者たちが自分たちの意思で労働配分と生産物分配をおこない、生産を調整しているので、商品や貨幣が存在する必要はない。また、アソーシエイトした生産者たちがアソーシエイトした個人として生産手段の個人的所有を実現しているのだから、他人労働の搾取も存在しえない。まさに「各人の発展が万人の発展のためのひとつの条件であるようなアソシエーション」(『共産党宣言』)が実現されるのである。

また、第1章でみたように、アソシエーションにもとづく社会においては、近代国家も解体される。社会のうえにたつ統治機構である官僚制やこの統治機構の支配を正当化する立法府は解体され、社会の政治的機能の担い手が選挙によって選ばれ、リコールされる直接民主主義的な統治機構へと変容する。暴力の独占的な担い手である常備軍も解体され、民兵制に置き換えられる。現代では、民兵制にリアリティを感じることはむずかしいだろうが、要するに、きわめて強固なシビリアン・コントロールが実現されている社会だと考えてよい。

マルクスは、このような近代国家の解体についての具体的なイメージを、パリ・コミューンからつかみとった。パリ・コミューンとは、一八七一年三月一八日から五月二八日まで、パリにおいて成立した労働者および民衆による自治政府である。コミューンは、プロイセン・フランス戦争の講和をめぐってフランス臨時政府に対立し、また、プロイセン軍にパリを包囲されているという状況にあり、インタナショナルに支援を呼びかけた。このときマルクスが、インタナショナルの「呼びかけ」として執筆したのが『フランスの内乱』である。マルクスは、この著作のなかで、パリで蜂起した活動家、労働者たちの試みのなかから積極的な要素をくみ取り、近代国家の解体にむけての展望を描き出した。

さらに晩期のマルクスは、ドイツ社会民主労働者党の綱領を批判した『ゴータ綱領批判』において共産主義社会、すなわちアソシエーション社会の二つの段階について語っている。

マルクスによれば、アソシエーション社会も、生まれたばかりの頃は、いまだその母胎であるブルジョア社会の「母斑《ぼはん》」をおびている。もはや労働は貨幣を入手する必要に強制されておこなうものではなく、自由な個人が自分の意思でおこなうものであるが、それでもまだ「ブルジョア的権利」意識が残存しており、労働にみあった報酬がなければ人々は労働しようとしない。だから、このような「共産主義の低次の段階」においては、人々が自分の労働量におうじて生産物を受け取るというかたちで社会的生産が組織されなければならない。

しかし、アソシエーション社会はやがてこの限界を乗り越えていく。

共産主義社会のより高度の段階で、すなわち個人が分業に奴隷的に従属することがなくなり、それとともに精神労働と肉体労働との対立がなくなったのち、労働がたんに生活のための手段であるだけでなく、労働そのものが第一の生命欲求となったのち、個人の全面的な発展にともなって、またその生産力も増大し、協同的富のあらゆる泉がいっそう豊かに湧き出るようになったのち、そのときはじめてブルジョア的権利の狭い視界を完全に踏みこえることができ、社会はその旗にこう書くことができる。各人はその能力におうじて、各人はその必要におうじて！

（『ゴータ綱領批判』）

労働が生活のための糧を入手するためにやむなく行うものではなくなり、それじしんが人間にとっての喜びとなったとき、もはや社会はなんらかの報酬を与えることによって労働を動機付け、組織する必要がなくなる。このとき、人々が自由に労働し、生産物を各自の必要性におうじて入手する社会が実現される。これがマルクスの未来社会論であった。

†鍵となる「物質代謝」という概念

では、以上のような未来社会を展望すべく、晩期マルクスはいかにして自らの変革構想を鍛え上げていったのだろうか。じつは、晩期マルクスの変革構想の発展を理解するための鍵となるのが、「物質代謝」という概念である。

いまでは、生命体と自然環境とのあいだの相互作用をあらわす概念としては、「エコロジー（生態学）」という言葉が使われることが多い。この言葉はエルンスト・ヘッケルという生物学者によって一八六六年につくられた概念であるが、それ以前から化学者や生理学者たちは別の概念によって同様の事態を捉えていた。それが物質代謝という概念にほかならない。

ユストゥス・フォン・リービッヒ

この概念は一九世紀初頭から使い始められていたが、農芸化学者として名高いユストゥス・フォン・リービッヒによって使用されることによって普及し、他の学問分野にも影響を与えた。生理学において有機体の循環的な生命活動をあらわす物質代謝という言葉は、生産と分配、そして消費という循環的かつ有機的な人間活動を扱う経済学においても用いられた。

マルクスもまた、この物質代謝という概念に影響をうけた一人である。一八五一年、マルクスは親友の医者、ローランド・ダニエルスとの交流のなかで、物質代謝という概念に注目するようになった。マルクスは、物質代謝概念を自らの経済学研究に取り入れるとともに、物質代謝概念を用いて生理学を展開していたリービッヒの研究に注目し、以後、何度もリービッヒの著作の研究に取り組んだ。

マルクスは、当初、有機体の循環的な生命活動を説明する概念であった物質代謝を、ひとつの有機体としての経済社会の循環活動を説明するためのアナロジーとして使用していた。

だが、マルクスは徐々に人間と自然との物質的な循環という意味でも、この概念を用いるようになる。とりわけ、経済学研究の深化をつうじて物象化論的な問題構成を確立した一八六〇年代には、資本主義的生産様式による人間と自然との物質的循環の攪乱に注目するようになり、この文脈で物質代謝概念を用いることが多くなった。マルクスは、いままでいうエコロジー的な観点から、物質代謝概念にいっそう注目するようになったのである。

このとき、マルクスに考察の材料を提供したのが、リービッヒの『化学の農業および生理学への応用』という著作であった。リービッヒによれば、農業が適切に営まれるには「現象はそのための諸条件が回帰し同じ状態を保持する場合に永続する」という「補充の法則」を考慮しなければならない。具体的には、収穫によって土地から奪われた栄養素を補充することが必要であり、そのためには土壌から植物に吸収され、さらに動物によって摂取された栄養素が植物・動物の腐敗・分解の過程をへて大地にかえるという物質代謝が成り立っていなければならない。

ところが、当時のイングランドにおいては、農村で生産された農産物の多くがロンドンなどの大都市で消費されていたため、土壌の成分がふたたび大地にかえらないという事態が発生していた。また、短期的な利益追求のために休耕を怠り、連作することもおこなわれていた。農業に不可欠な正常な物質代謝が攪乱され、土地が疲弊してしまっていたのである。この土地疲弊を補うために、南米から肥料となるグアノ（鳥の糞などが化石化したもの）を大量に輸入し、グアノが枯渇してしまうほどであった。リービッヒはこのような略奪的な農業のあり方を、農芸化学の立場から、厳しく批判したのである。

マルクスはこうしたリービッヒの見解を高く評価し、『資本論』第一巻において「自然科学的見地からする近代的農業の消極的側面の展開は、リービッヒの不滅の功績の一つである」と述べた。じっさい、リービッヒの略奪農業批判は、グローバル化のなかで農作物の貿易自由化がすすむ現在においても妥当するアクチュアリティをもっていると言えるだろう。

†「人間は自然の一部である」という大前提

だが、マルクスは狭義のエコロジー問題の文脈でのみ物質代謝概念を用いたわけではない。前章ではあえて論じなかったが、じつは物質代謝論は『資本論』の全篇をつらぬく基本視角だと言っても過言ではない。

たとえば、マルクスは『資本論』第一巻において労働を次のように定義している。

労働は、さしあたり、人間と自然とのあいだの一過程、すなわち人間が自然とのその物質代謝を彼自身の行為によって媒介し、規制し、制御する一過程である。

マルクスが労働について考える際の大前提は、人間が自然の一部であるということである。

人間は有機体の一種であり、ほかのあらゆる有機体と同じように、たえず自然とやりとりすることによってしか生きることができない。人間は呼吸し、酸素を取り入れ、二酸化炭素を排出する。食物や水を摂取し、尿や便として排泄する。他方、自然の側も、排出された二酸化炭素を植物の光合成をつうじて酸素に変換する。また、尿や便は土壌を肥沃にし、植物の育成を促すだろう。

マルクスは、このような人間と自然とのあいだの循環のことを、「人間と自然との物質代謝」と呼んだ。人間は、ほかのあらゆる生命体と同じように自然の一部であり、なによりもまず、この物質代謝を通じて自らの生命を維持している。

だが、人間が必要とする自然とのかかわりはそれだけではない。体温を保持し身体を防護するために衣服を作ったり、食べるために食料を栽培したり、安全な生活領域を確保するために住居を作ったりする。つまり、人間たちは自然との物質代謝を円滑に行うために、自分の行為によって、自然を変容させている。このような活動は、人間が自然との物質代謝を規制し、制御するという意味で、人間と自然との物質代謝の媒介だと言うことができる。

だが、この場合もやはり、その複雑さや多様性によって区別されるとはいえ、ほかの生命体の活動と共通の性格を持っている。たとえば、ビーバーが枝や泥でダムを作るという行為も、ビーバーと自然との物質代謝の媒介であることには違いない。

しかし、人間による物質代謝の媒介とほかの生物によるそれとには決定的な違いがある。人間による物質代謝の媒介は意識的に行われるが、ほかの生物による物質代謝の媒介は本能的に行われるにすぎない（もちろん、人間以外の動物も一定の意識性をもっているが、その程度が人間とは決定的に相違している）。人間が労働する際には、まず構想をもち、それからこの構想にもとづいて行為し、これを実現する。だから、人間による自然との物質代謝の媒介はすぐれて意識的行為であり、したがってまた知的行為である。

　このような、人間に固有な、自然との物質代謝の意識的媒介のことを、マルクスは労働と呼んだ。すなわち、労働とは、人間が自然との物質代謝を自分の意識的な行為によって媒介し、規制し、制御することにほかならない。

　このように、人間による物質代謝の媒介は動物と異なり、自覚的に行われるという特質を持っている。だから、人間による物質代謝の媒介、すなわち労働のあり方は多様性をもち、時代とともに変化する。これにともなって、人間と自然との物質代謝じたいもまた、変化していく。

　とりわけ、生産活動が人格的な結びつきにもとづく共同体的生産関係のもとで行われるのか、私的生産者たちが物象によって結びつけられる資本主義的生産関係のもとで行われるのかということによって、物質代謝の媒介はかなり違った性格をもつ。

　前者において、労働は伝統や命令などによって編成され、使用価値の生産を目的として行われるが、後者では、労働は市場をつうじて編成され、価値の生産、より正確にいえば剰余価値の生産を目的として行われる。生産関係による労働様式の違いは、生産技術のあり方や社会的分業のあり方にも大きな影響を及ぼし、人間と自然との物質代謝を大きく変容させていくことになる。

†資本による物質代謝の攪乱

こうした観点から、前章でみた内容を振り返ってみよう。資本主義的生産関係において労働は賃労働として、資本の価値増殖を目的として行われる。だから、資本は、剰余価値をできるだけ多く取得するために労働時間の延長を際限なく追求する。他方、資本は競争に打ち勝ち、特別剰余価値を取得するために、生産力の上昇をどこまでも追求する。

どちらの場合も、どのように賃労働者に労働を行わせるのか、あるいはどのように生産活動を編成するのかということは、もっぱら資本の価値増殖の観点から考えられているにすぎない。だから、このような価値増殖という一面的な観点からの労働の編成は、必然的に人間と自然との物質代謝を攪乱させてしまう。一方では、人間の正常な労働力の支出を攪乱し、他方では、人間と土地のあいだの自然循環を攪乱する。

資本主義的生産様式は、それが大中心地に集積させる都市人口がますます優勢になるにしたがって、一方では、社会の歴史的原動力を蓄積するが、他方では、人間と土地とのあいだの物質代謝を、すなわち人間により食料および衣料の形態で消費された土地成分の土地への回帰を、したがって持続的な土地肥沃度の永久的自然条件を攪乱する。……資本主義的農業のあらゆる進歩は、たんに労働者から略奪する技術における進歩であるだけでなく、同時に土地から略奪する技術における進歩でもあり、一定期間にわたって土地の肥沃度を増大させるためのあらゆる進歩は、同時に、この肥沃度の持続的源泉を破壊するための進歩である。……それゆえ資本主義的生産は、すべての富の源泉すなわち土地および労働者を同時に破壊することによってのみ社会的生産過程の技術および結合を発展させる。

（『資本論』第一巻）

資本主義的生産は、価値という経済的形態の力にもとづき、この形態の力を増大させることを目的とする生産であり、価値増殖という形態の論理、すなわち資本の論理にしたがって行われる生産である。資本にとって自然は労働力と同じように価値増殖のための手段でしかない。他方、どんな生産活動も、それを継続的に行おうとするなら、人間と自然との物質代謝に固有な論理、たとえば農業の場合にはリービッヒが強調した「補充の法則」にしたがって行われなければならない。それゆえ、価値増殖を目的とする資本主義的生産は物質代謝の論理と齟齬をきたし、人間と自然とのあいだの物質代謝を攪乱してしまう。

もしこのような傾向を放置するのなら、資本はその際限のない価値増殖運動をつうじて労働力と自然環境を破壊し、資本主義社会、ひいては人類の存在すら脅かすことになるだろう。これこそが資本主義社会の根本問題なのである。

物質代謝という言葉は、もともとドイツ語でシュトッフヴェクセル（Stoffwechsel）という、「素材」を意味するシュトッフと「変換」を意味するヴェクセルとの合成語である。その意味では、物質代謝はさまざまな素材どうしのやりとりのことを表しており、この物質代謝がどのようなものになるのかは、それぞれの素材じしんの性格によって規定されている。だから、先に述べたことを抽象的に表現すれば、資本主義的生産様式の根本問題は「価値という形態」と「素材」との対立、あるいは資本の価値増殖の論理と素材的世界の論理との対立だと言うことができるだろう。

†抵抗の拠点としての物質代謝

とはいえ、物質代謝は資本の論理によって一方的に編成され、攪乱されるというだけではない。価値であれ、資本であれ、かならず自分の担い手を必要とする。たとえば、商品であれば使用価値が価値の担い手であり、生産過程にある資本であれば、生産手段が資本価値の担い手にならなければならない。純粋に社会的なものである価値でさえ抽象的人間的労働の社会的性格の表現であり、労働という物質的実践なしに生み出されるものではない。それゆえ、資本はたえず物質代謝の論理をのりこえて価値増殖に突き進み、物質代謝を攪乱するにもかかわらず、物質代謝の制約から自由になることはできない。

たとえば、絶対的剰余価値を獲得するための際限のない労働時間の延長は、剰余価値をうみだす労働力そのものを破壊する。それゆえ、労働力商品の担い手である賃労働者たちは、明日も労働力を販売することができるように、労働時間の延長にたいする制限を求め、やがて社会は労働時間の無制限な延長を法律によって規制するようになる。

あるいは、相対的剰余価値を獲得し、賃労働者を従属させるための生産力の上昇は、より合理的な生産力の実現に反することになる。資本は生産力の上昇において可能なかぎり賃労働者から知識や技術を剝奪しようとするが、他方では、生産力を合理的に上昇させるには、たえざる技術革新に対応することができる知識をもった賃労働者が必要になる。それゆえ、資本主義のもとでも、不十分なものだとはいえ、社会は一定の技術教育や職業教育をおこなうようになる。

また、農業において、土地の疲弊を度外視して一時的に生産力を引き上げることは、短期的な利潤の獲得には好都合であろうが、結局は土地を疲弊させ、生産力を低下させる。それゆえ、物質代謝を攪乱し、土地を疲弊させる資本主義的農業は、やがて合理的な農業の実現を求める農業従事者や農学者たちからの批判を招き、なんらかの社会的規制が実現されていくことになる。

こうして、資本は、価値という純粋な社会的力によってどれほど自らに適合するように素材的世界を編成しようとも、たえず素材的世界の論理、物質代謝の論理に制約され、それに引き戻されずにはいない。なぜなら、人間たちはどれほど物象の論理に侵されようとも、究極的には生存のために物質代謝の論理を防衛しようとするに違いないからである。マルクスはこのような物質代謝の論理に、社会変革の究極の根拠を見いだしている。

> 資本主義的生産様式は「人間と自然との物質代謝の破壊、都市労働者の肉体的健康と農村労働者の精神生活の破壊と」同時に、この物質代謝のたんに自然発生的な状態を破壊することをつうじて、その物質代謝を社会的生産の規制的法則として、また十分な人間的発展に適合した形態において、体系的に再建することを強制する。
>
> (『資本論』第一巻)

こうしてみると、マルクスが、資本主義的生産関係が生産力の発展にとっての桎梏となると言った意味がよく理解できるだろう。すでにみたように、マルクスは労働を人間と自然との物質代謝の意識的媒介として定義している。だとすれば、生産力とは人間と自然との物質代謝を規制し制御する能力のことにほかならない。それは、けっして生産テクノロジーと同義ではない。いくら生産テクノロジーが発展したとしても、それが現在の人間と自然との物質代謝を攪乱しているのだとしたら、生産力の発展とは言えないからだ。

したがって、マルクスは価値増殖を最優先する資本主義的生産関係のもとでは、人間と自然との持続可能な物質代謝を可能にする生産力を実現することができないということを問題としたのである。だからこそ、資本主義は変革されなければならないし、むしろ、変革されなければ自然も人間も破壊されてしまい、生きていくことはできないという意味で、人間たちはその変革を強制される。これがマルクスにとってもっとも根本的な変革の根拠だったのである。

では、「物質代謝を社会的生産の規制的法則として、また十分な人間的発展に適合した形態において、体系的に再建すること」はいかにして可能なのだろうか。すでに私たちはその答えを知っている。自由な人間たちのアソシエーションがそれを解決する。

じっさい、自由の国は、必要と外的な合目的性によって規定される労働がなくなったところで、はじめて始まる。したがって、それは、当然に、本来の物質的生産の領域の彼岸にある。未開人が、自分の欲求を満たすために、自分の生活を維持し再生産するために、自然と格闘しなければならないように、文明人もそうしなければならず、しかも、すべての社会諸形態において、ありうべきすべての生産諸様式のもとで、そうしなければならない。彼の発達とともに、彼の諸欲求も増大するのだから、この自然必然性の国は増大する。しかし、同時に、この諸欲求をみたす生産諸力も増大する。この領域における自由は、ただ、社会化した人間、アソーシエイトした人間たちが、盲目的な力としての、自分たちと自然との物質代謝によって制御されることをやめて、この物質代謝を合理的に規制し、自分たちの共同的な制御のもとにおくということ、つまり、力の最小の消費によって、自分たちの人間性にもっともふさわしくもっとも適合した諸条件のもとでこの物質代謝をおこなうということである。しかし、これはやはりまだ必然性の領域である。この領域のかなたで、自己目的として認められる人間の力の発展が、真の自由の領域が始まるのであるが、しかし、それはただ、かの必然性の領域をその基礎としてのみ開花することができるのである。労働日の短縮が土台である。

（『資本論』第三部草稿第一稿）

このような人間的で合理的な生産力が実現されれば、一日の労働時間は著しく短縮され、物質代謝の必要から独立した「真の自由」が実現される。マルクスの展望した未来社会は、物質代謝を合理的かつ人間的に制御し、「真の自由」を実現する社会だったのである。

†晩期マルクスの変革構想と抜粋ノート

物質代謝論は、マルクスの視野を押し広げ、より包括的に資本主義を把握することを可能にした。いまやマルクスは資本主義の諸矛盾を資本の論理と物質代謝の論理の相克として把握し、物質代謝の論理のうちに資本主義に抵抗する拠点をみいだす。

晩期マルクスは、まさにこのような視角から、農芸化学や地質学、そして共同体研究などの広範な領域において物質代謝の論理を詳細に研究し、そこにどのような抵抗の可能性があるのかを探求し続けた。晩期マルクスの新たな変革構想は、このような飽くなき探求のなかから立ち現れてきたのである。

とはいえ、マルクスが公に刊行した著作だけをみても、晩期マルクスのこのような関心の広がりを理解することはむずかしい。未刊行におわった草稿類や手紙には、関連する叙述がそれなりに存在するが、それでもマルクスの視野の拡大の一端を示しているにすぎない。晩期マルクスの関心の広がりと新たな変革構想を理解するためには、マルクスの勉強ノート、いわゆる「抜粋ノート」をみなければならない。

マルクスがベルリン大学在籍時に父親に書いた手紙を覚えているだろうか。一九歳のマルクスは、はやくもあの手紙のなかで、自分が読んだ本のほとんどすべてから抜粋を作成する習慣を身につけたことを報告している。マルクスはこの習慣を生涯変えることはなかった。むしろ、晩年になるにつれ、抜粋ノートの量は増えていき、生涯最後の一〇年間に作成された抜粋は全抜粋の三分の一を占めるほどだ。

しかし、晩期のマルクスは、健康問題などもあり、それらを利用して草稿や著作を執筆することはほとんどできなかった。その意味で、抜粋ノートは、晩期マルクスの理論的発展を理解するための重要な手がかりをなすといえよう。

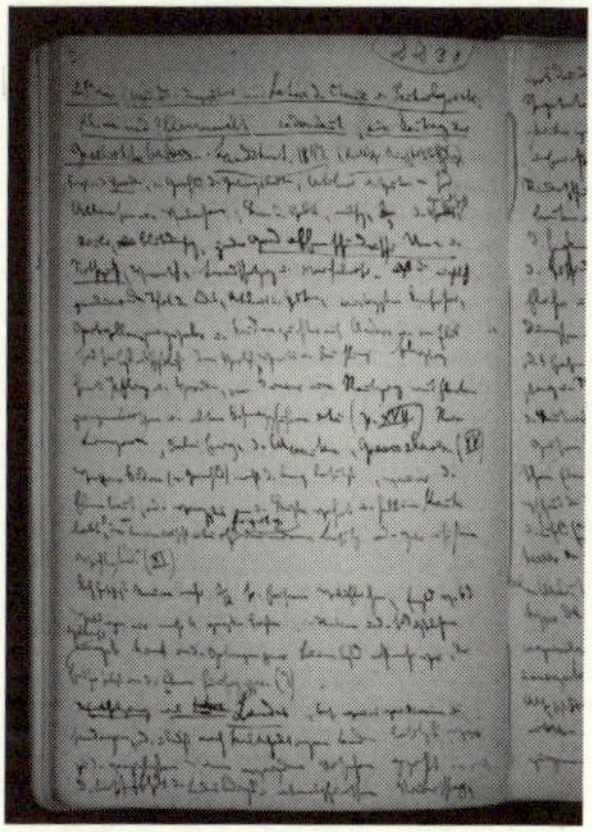
マルクスの抜粋ノート

現在刊行中の『マルクス・エンゲルス全集』（略称はMEGA［Marx-Engels Gesamtausgabe］。未完に終わった旧MEGAと区別するために新MEGAと呼ばれることもある。なお、大月書店から刊行されている『マルクス・エンゲルス全集』は『マルクス・エンゲルス著作集』の翻訳であり、MEGAとは別物である）には、この抜粋ノートもすべて収録される予定である。参考のため

巻	執筆時期	所収のマルクスの抜粋ノートの概要
18	1864/2 〜1868/8	経済学、またとくに地代に関連して農業、農芸化学の諸著作からの抜粋（リービッヒ、フラース、マウラーなどを含む）
19	1868/9 〜1869/9	経済学、とくに貨幣市場、恐慌にかんする抜粋
21	1869/10 〜1874/12	アイルランド問題に関する抜粋、国際労働者協会での活動に関連する抜粋、パリ・コミューンに関連する抜粋、ロシアの農村共同体、土地の共有制、土地制度などの文献からの抜粋
22	1875/1 〜1876/2	ロシア（とくに農民解放後の発展）についての抜粋
23	1876/3〜6	生理学、技術史にかんする抜粋 歴史（ロシア、イギリス、古代ギリシア）抜粋
24	1876/5〜12	土地所有の歴史、ヨーロッパおよびヨーロッパ外（スペインなど）の法制史についての抜粋、マウラーからの抜粋
25	1877/1 〜1879/3	経済学、銀行制度および金融制度、商人算術にかんする抜粋、ロシアの経済的・社会的発展、土地制度などにかんする諸著作の抜粋、オウエンからの抜粋、フランス史についての抜粋、カウフマン『銀行業の理論と実践』の抜粋、ライプニッツを論じた著作、デカルトの抜粋
26	1878/5〜9	地質学、鉱物学、土壌学、農学、農芸化学、農業統計学、地球史、世界貿易史などにかんする抜粋、合衆国の統計資料の摘要
27	1879〜1881	インド史からの詳細な年代記的抜粋（イギリスのインド支配と隷属化など）、地代問題、一般に土地関係の問題、とくにロシアの農民共同体についての資料や文献の抜粋（コヴァレフスキーなど）、原古史、家族制度史、民族学関連抜粋（モーガン『古代社会』、フィア、メーン、ラボックなど）
28	1879〜1882	ロシアおよびフランスの歴史、とりわけ農業事情にかんする抜粋、とくに1861年農民解放以後のロシアの社会経済的発展についての抜粋、メモ「ロシアの農奴解放について」、ヴァーグナー『経済学教科書』への評注
29	1881〜1882	ヨーロッパ史の諸事件の年代記的概要および世界史のための同時期史実対比的年表
30	1863、1878、 1881	数学、とりわけ三角法、微分法、代数学にかんするノート
31	1879〜1883	有機化学及び無機化学にかんする抜粋

※大谷禎之介・平子友長編『マルクスの抜粋ノートからマルクスを読む』（桜井書店）所収の表を参照して作成。

『資本論』第一巻刊行後のマルクスの抜粋ノートの概要

に、『資本論』第一巻刊行以後のマルクスの抜粋ノートの概要を紹介した表を掲げておこう。筆者も日本MEGA編集委員会の一員として編集作業にたずさわっており、この表のうち一八巻と一九巻の編集に参加している。

この表をみるだけでも、マルクスがどれほど広範な関心を抱いていたかがわかるだろう。あまりに領域が広大すぎるために、旧MEGAを編集した、あのリャザーノフでさえも、次のような疑問を呈さざるを得なかったほどである。「どうしてマルクスはこのような体系的で、徹底した要約のために、これほど多くの時間を無駄にし、一八八一年という晩年に地質学についての基本書の章ごとの要約にエネルギーを費やしたのであろうか。彼はもう六三歳だったのであり、こうした行いは弁明の余地のない学者ぶったふるまいにすぎないのではないか」(「マルクスとエンゲルスの文献的遺産についての最新の報告」)と。

当時のマルクス研究の水準からすれば、その意義を理解することができなかったのは無理もないことであろう。だが、晩期マルクスの抜粋ノートはけっして「弁明の余地のない学者ぶったふるまい」ではなかった。そこには、資本の論理、形態の論理に対抗するために物質代謝の論理、素材の論理を徹底的に探求した老マルクスの努力の跡が刻まれている。たしかに、この努力は著作として結実することはなかったが、そこからマルクスのメッセージを読み取ることは可能であろう。

以下では、草稿や手紙だけでなく、この抜粋ノートも手がかりとしながら、エコロジー、共同体、ジェンダーという三つの分野との関連で、晩期マルクスの変革構想の発展についてみていく。とはいえ、この分野は未開拓の領域が多く、残念ながらその全貌を示すことはできない。それでも近年、いくつか重要な研究が現れてきており、おおまかなイメージを示すことはできるだろう。

†エコロジー問題と物質代謝論

「マルクスは生産力中心主義であり、エコロジー問題にほとんど注意を払わなかった」というマルクス理解はいまでも根強い。

たしかに、若きマルクスは具体的な環境問題にはほとんど言及しなかった。マルクスはすでに一八五〇年代に、リカードの収穫逓減《ていげん》法則を批判するために、リービッヒの著作をふくめ、いくつかの農芸化学書を読んでいるが、そこに書かれている略奪農業にかんする記述にはほとんど関心を示していない。私たちはそのことを抜粋ノートから読み取ることができる。この時期のマルクスは、ただ近代科学を適用するだけで、土地を疲弊させることなく、農業生産性を上昇させることができると考えていたふしがある。

だが、マルクスは『資本論』においてこのような見解を克服する。現実に生じている土地疲弊はたんなる近代科学の適用によって解決できるような問題ではない。むしろ、資本主義的生産様式において、近代科学の適用は、剰余価値の獲得という資本の論理にもとづいて行われるのだから、人間と自然とのあいだの物質代謝を攪乱してしまう。こうして、マルクスは初期の「生産力中心主義的」な見地を乗り越え、むしろ資本主義的生産様式においては合理的な生産力が実現できないことを明らかにした。

じつは、当時の状況を考えれば、マルクスが環境問題を扱ったことそれじたいは、特別なことではない。というのも、同時代の多くの経済学者がこの問題を論じているからだ。たとえば、ドイツの著名な経済学者であったヴィルヘルム・ロッシャーは、リービッヒの著作を高く評価し、農業、畜産業、漁業、林業における持続可能性の必要性を強調している。あるいは、後にエンゲルスから厳しく批判されることになる左派の経済学者、オイゲン・デューリングも、リービッヒの理論に注目し、「意識的な物質分配の規制」を訴えた。アメリカではヘンリ・チャールズ・ケアリが土地疲弊と略奪農業の問題について論じていたし、イングランドでもウィリアム・スタンリー・ジェヴォンズが著した、資源の枯渇について警告したパンフレットが話題を呼んでいた。

要するに、環境問題は当時の経済学者にとって非常にアクチュアルなテーマだったのである。きわめて多くの経済学の研究書を渉猟し、経済関連の雑誌を丹念に読んでいたマルクスが、これらの議論から影響をうけなかったはずがない。じっさい、マルクスは『資本論』第一巻を仕上げる作業と並行して、ロッシャーやデューリングの著作を研究している。

とはいえ、マルクスは他の経済学者たちの見解をただ引き写したのではない。マルクスは、「無政府的な生産活動が物質代謝を攪乱するのだから、社会的に物質代謝を規制する必要がある」といったような抽象的な命題に満足することはなかった。

というのも、マルクスにとって重要だったのは、環境問題一般の存在を指摘することではなく、形態の論理、あるいは資本の論理によって物質代謝がいかに変容され、攪乱されるのか、あるいは形態の論理が物質代謝の論理によっていかなる制限を被るのかを具体的に把握することだったからであり、さらには、それをつうじて資本にたいする抵抗の可能性を明らかにすることだったからだ。じっさい、マルクスは『資本論』の執筆にあたってリービッヒだけでなく、複数の農芸化学者の見解を丹念に抜粋し、詳細に検討している。

†農学者フラースの気候変動論と物質代謝

『資本論』第一巻を刊行した後、物質代謝の具体的な論理にたいするマルクスの関心はますます高まっていった。農芸化学の分野だけに限っても、マルクスは『資本論』第二巻（後のエンゲルス編集では第三巻）に収める予定であった地代《ちだい》論（残念ながら紙幅の関係で本書では扱うことができない）を仕上げるには、よりいっそうの研究が必要だと考えていた。マルクスはあれだけ高く評価したリービッヒの見解さえも相対化し、物質代謝の論理を具体的に把握するための飽くなき探求の旅を続けるのである。

一八六八年一月、マルクスはエンゲルスにたいして次のような手紙を書いている。

［著名な化学者であり友人である］ショルレンマーに、農芸化学の最新最良の本はどれか聞いてもらえないだろうか？　さらに、鉱物肥料論者と窒素肥料論者とのあいだの論争問題は今どうなっているのか、についても（最後に僕がこの問題を研究したとき以後、ドイツではいろいろ新しいものが現れたのだ）。リービッヒの土地疲弊論にたいする反論を書いた近頃のドイツ人たちについて、ショルレンマーはなにか知っていないだろうか？　ミュンヘンの農学者フラース（ミュンヘン大学教授）の沖積理論を彼は知っているだろうか？

ここから読み取れるのは、マルクスがリービッヒの見解に満足せず、リービッヒに批判的な農学者の見解を調査しようとしたということである。じっさい、マルクスはこの手紙を書いた後、ここで名が挙げられているカール・フラースの諸著作を集中的に抜粋している。フラースは、いまではほとんど忘れられてしまっているが、アテネ大学教授、国立農業実験所の長官などを歴任した有能な人物であり、土地疲弊の原因や無機肥料の効果などについてリービッヒと論争していた。

マルクスは二カ月後のエンゲルス宛の手紙で次のように述べている。

フラースの『時間における気候と植物界、両者の歴史』（一八四七年）は非常に面白い。というのは、歴史的な時間のなかで気候も植物も変化するということの論証としてだ。……彼は次のようなことを主張している。耕作が進むにつれて――その程度におうじて――農民によってあんなに愛好される「湿潤さ」が失われていって（したがってまた植物も南から北へ移って）、最後に草原形成が現れる、と。耕作の最初の作用は有益だが、結局は森林伐採などによって荒廃させる云々、というわけだ。……彼の結論は、耕作は――もしそれが自然発生的に前進していって意識的に支配されないならば（この意識的な支配にはもちろん彼はブルジョアとして思い至らないのであるが）――荒廃をあとに残す、ということだ。ペルシアやメソポタミアなど、そしてギリシアのように。したがってまた、やはり無意識的な社会主義的傾向だ！……農業について新しいものを、そして最新のものを、精密に調べる必要がある。自然学的な学派は化学的な学派に対立している。

マルクスがフラースの著作から大きな影響を受けたことは明らかであろう。フラースによれば、歴史的な時間の経過のなかで、気候も植物も変化していくが、その際、大きな影響を与えるのが人間の耕作活動である。耕作にともなう自然への関わり、とりわけ森林伐採が湿度を奪い、気温を上昇させる。その結果、植物は南から北へ、低地から高地へと移っていき、それぞれの植物の姿態も変化していく。こうして、「農民によってあんなに愛好される「湿潤さ」が失われ、荒廃をあとに残してしまう。フラースが著作で例証としてあげているのは古代のギリシアやエジプト、メソポタミア等であるが、彼はそれを通じて近代における気候変動の問題について先駆的に警告したのである。

当時、気候変動の問題はリービッヒが警告した土地疲弊の問題にくらべ切迫したものではなく、フラースの警告はさほど影響力をもたなかった。だが、マルクスはむしろフラースの歴史的な視野を称賛し、非常に熱心に抜粋した。フラースにたいする強い関心は、たとえ長期的なものであれ、気候変動がドラスティックな環境破壊をもたらす危険をマルクスが感じ取っていたことを示唆しているように思われる。

リービッヒを読んでいたとき、マルクスの関心は土壌の疲弊にあり、農地に必要な養分についての論争（「鉱物肥料論者と窒素肥料論者とのあいだの論争」）にあった。ところが、いまや農業における物質代謝の攪乱を土壌の養分の不足だけにみる「化学的な学派」に満足することなく、フラースのように人間の耕作活動が引き起こす気候変動について分析した「自然学的な学派」にも注目する。マルクスはフラースの著作を丹念に検討することにより、物質代謝の攪乱をより多面的に把握するようになったのである。

もちろん、フラース自身は気候変動問題の解決策を見いだすことができなかった。しかし、マルクスはフラースに「無意識的な社会主義的傾向」を見いだした。というのも、フラースは意識的な規制なき耕作がもたらす気候変動とそれによる物質代謝の攪乱について論じており、物質代謝を社会的に制御する必要性を暗示しているからだ。

マルクスは、どれだけ大衆的な人気を誇ろうとも、理念的な空文句を吐くだけの「社会主義者」は毛嫌いしたが、他方、たとえ一般に影響力を持たなくとも、事実に基づく具体的な分析によって物質代謝の論理を明らかにした科学者は高く評価した。マルクスは抽象的な理念によってではなく、極めて具体的な事実を積み重ね、物質代謝の具体的な論理を解明することによって、資本にたいする強固な抵抗の陣地を築き上げようとしたのである。

残念ながら、マルクスはそれ以降、地代論について書く機会はほとんどなく、草稿でフラースに直接言及することはなかった。だが、一八六八年に書いた草稿では、農業経済学者であるフリードリヒ・キルヒホーフの著作から多数の抜粋をおこない、資本が林業を営む場合、短期的な利益追求のために長期的な視野からの森林の保全を怠り、森林の破壊が進むことを指摘している。ここに、フラースからの影響を読み取ることもできるかもしれない。

マルクスのフラースの著作への取り組みはあくまでも一例にすぎない。マルクスはこの後も、物質代謝の論理を探求し続けた。マルクスは森林破壊や土地疲弊にかんする著作を一八七〇年代に入っても読み続けたし、畜産業と資本主義の関係についても研究した。資源問題についても一貫して関心を持ち続けている。七〇年代には、マルクスの関心はさらに広がり、地質学、鉱物学、植物学、有機化学などにも及んだ。晩年のマルクスはこれらの分野の著作から膨大な量の抜粋を作成している。マルクスがどれだけ広い視野から物質代謝の論理を把握しようとしたかがわかるだろう。

†物質代謝論から共同体研究へ

このような物質代謝の論理の探求は、自然科学の分野にとどまらなかった。マルクスはフラースの著作から刺激をうけ、共同体研究を開始する。というのも、フラースは法歴史学者であるゲオルク・ルードヴィヒ・フォン・マウラーを高く評価しており、初期ゲルマンの村落形成が地力の向上を損なわないようなかたちでおこなわれたというマウラーの見解に注目していたからである。

もちろん、マルクスは、それ以前も何度か共同体研究に取り組んでいたが、いまや物質代謝の合理的な制御という観点から共同体研究に取り組み始めるのである。マルクスは、この試みをつうじて、前近代社会、さらには、資本主義に包摂されていない非西洋社会にたいする見解を大きく変容させていくことになる。

若い頃、マルクスは明らかに前近代的な共同体に低い評価しか与えていなかった。当時のマルクスにとって、奴隷制や農奴制にみられるように、それらの社会形態は人間の自由にとっての桎梏でしかなかったからである。マルクスは『共産党宣言』において情熱的に資本主義を批判しながらも、それが古い共同体社会を破壊し、その桎梏から人間たちを解き放つことを高く評価した。マルクスは四八年革命のさなかに『新ライン新聞』に書いた論説でも次のように述べている。

> われわれは労働者と小ブルジョア諸君にこう呼びかける。諸君の階級を救うという口実で全国民を中世の野蛮状態につきもどすような、過去の社会形態に逆戻りするよりは、むしろ諸君の全員に解放をもたらすべき新しい社会を建設するための物質的手段

をその工業によってつくりだす近代のブルジョア社会で苦しむほうを選びたまえ！、と。

（「モンテスキュー五六世」）

前近代的な共同体にたいして否定的であったのと全く同じ理由で、若きマルクスは資本主義のグローバリゼーションにたいして肯定的な態度をとった。マルクスは当時、賃労働者にたいする破滅的な影響を予想しながらも自由貿易に賛成であった。また、イングランドの植民地主義によるインドの前近代社会の破壊も、その非人道的性格を厳しく指弾しながらも、基本的には肯定的に捉えていた。マルクスは『ニューヨーク・デイリー・トリビューン』で次のように書いている。

われわれは、これらの牧歌的な村落共同体がたとえ無害にみえようとも、それがつねに東洋専制政治の強固な基礎となってきたこと、またそれが人間精神をありうるかぎりでのもっとも狭い範囲にとじこめて、人間精神を迷信の無抵抗な道具にし、伝統的な規則の奴隷とし、人間精神からすべての雄大さと歴史的精力を奪ったことを忘れてはならない。

（「イギリスのインド支配」）

マルクスはインドの共同体にこのような判断を下したうえで、イギリスの植民地主義による共同体の破壊を、近代化を進める「社会革命」として評価する。「イギリスがおかした罪がどんなものであるにせよ、イギリスはこの革命をもたらすことによって、無意識的に歴史の道具の役割を果たしたのである」(同前)。

だが、マルクスはこの後、徐々に自らの見解を修正していく。先に引用した『トリビューン』の記事は一八五三年のものだが、マルクスは早くも一八五七年には自らの見解を変化させ始める。

マルクスは一八五七年に執筆した論説のなかで、第二次アヘン戦争期の中国の抵抗運動とインドのセポイの乱を支持し、自らの反植民地主義を鮮明にした。また、同時期に書いた『経済学批判要綱』では共同体論を詳細に展開し、前近代の共同体を肯定的なニュアンスで描き出した。マルクスは、ゲルマン的、ギリシア・ローマ的形態とならんで、アジア的形態での共同社会についても検討し、いずれの形態においても人間と土地との「本源的統一」が存在することを確認している。資本主義的生産様式とは、まさにこの「本源的統一」の完全な解体の帰結にほかならない。

すでにみたように、マルクスは『資本論』を仕上げるための努力を重ねていくなかで、物象の力の強力さをますます深刻に認識するようになった。これにともない、資本主義と異なる社会形態である共同体にたいする共感をいっそう強めていった。こうして、マルクスは一八六七年に『資本論』第一巻を書き上げる頃には、前近代の共同体をたんに克服されるべき停滞した社会とみる初期の単線主義的で、近代主義的な歴史観を克服していた。だが、マルクスの共同体理解の発展はこれにとどまらなかった。マルクスはただ共同体に共感を示すだけでなく、それを積極的に変革構想のなかに位置づけるようになる。マルクスは、一八六八年にマウラーの著作を抜粋したのを皮切りにして、物質代謝という新たな観点から本格的な共同体研究を開始し、非西洋社会の共同体の生命力、植民地主義にたいするそれらの抵抗力に注目するようになったのである。

†共同体論の到達点としての「ザスーリチへの手紙」

このようなマルクスの共同体論の深化を端的に示しているのが、最晩年の一八八一年に執筆された「ザスーリチへの手紙」とその草稿である。

ロシアの革命家、ヴェラ・ザスーリチは、マルクスに次のような手紙を書き、見解を問い合わせた。ロシアのマルクス主義者たちは、ロシア共同体は必然的な歴史法則にしたがって没落する運命にあると考えているが、彼らの主張どおり、我々は共同体の没落と資本主義の発展を待つ必要があるのか、それとも、ロシアの共同体は専制のくびきから解放されれば、社会主義へと発展していくことが可能なのか、と。

マルクスはこの問いに答えるために、比較的長い三つの草稿を執筆したあと、簡潔な返事を書いた。これらの要点として、次の三点を挙げることができるだろう。

第一に、マルクスはこれらの手紙と草稿において単線主義的で、近代主義的な歴史観を明確に否定した。

前章でみたように、『資本論』の本源的蓄積論は、前近代的な、自己労働にもとづく私的所有を収奪することをつうじて、資本主義的な、他人の労働の搾取にもとづく私的所有が生成することを明らかにしていた。マルクスはのちに『資本論』フランス語版(一八七二〜一八七五年)を刊行するさいに、この部分の叙述を若干修正し、本源的蓄積論の妥当範囲を西ヨーロッパに限定した。「これ[本源的蓄積]が根底的に実現されたのは、まだイギリスにおいてだけである。……だが、西ヨーロッパの他のすべての国も、これと同一の運動を経過する」。マルクスはこの叙述を引用し、西ヨーロッパ以外の、共同体的所有が強固に残存する社会においては異なった歴史的発展の道程をたどりうるとの認識を示した。

さらに、マルクスは、イギリスの植民地主義がどれほど残虐であったとしてもインドの前近代的な社会制度を破壊するものであるかぎりは進歩的なものであるという、五〇年代までの認識を全面的に撤回し、次のように述べている。「東インドを例にしていうと……そこでは土地の共同所有の廃止は、原住民を前進させないで後退させるイギリスの文化破壊行為でしかなかった」(第三草稿)。

第二に、マルクスは共同体の必然的な解体を否定する根拠として、前近代的共同体の生命力を挙げた。もちろん、同じ前近代的共同体であっても、さまざまなタイプや発展段階があり、それらは一様ではない。マルクスは、ロシアにおける共同体のタイプを「農耕共同体」と呼び、これを高く評価した。

「農耕共同体」はよりアルカイックなタイプの原始的共同体から生まれたものであるが、原始的共同体とはことなり、もはや「血のきずなによって束縛されていない自由な人間たちの最初の社会集団」(同前)である。また、土地を共同労働によって耕作する原始的共同体とはことなり、土地は共同所有されてはいるが、「定期的に共同体の成員のあいだに分割され、したがって、各人は、自分にあてがわれた畑を自分自身の計算で用益し、その果実を個別的にわがものとして取得する」(同前)。

マルクスによれば、「農耕共同体の構造に固有なこの二重性」、すなわち原始的共同体の共同所有を継承しながらも、耕作とその成果の取得が個人的におこなわれるという二重性が、「この共同体に強靭な生命をあたえる」という。なぜだろうか。

これを理解するには、まず、農耕共同体に先行する原始的共同体の生命力について理解することが必要である。マルクスは、「原始的共同社会の生命力は、セム人、ギリシア人、ローマ人などの社会よりも、まして近代資本主義諸社会のそれよりも、比較にならないほど強かった」(第一草稿)と述べている。

先に取り上げた農芸化学者フラースは、まさに「セム人、ギリシア人、ローマ人などの社会」において耕作による気候変動と土地の荒廃が引き起こされ、それらの社会じたいが衰退してしまったことを詳細に論じており、マルクスもそのことを当然知っていた。それらの社会において環境破壊が深刻化したのは、土地の私的所有が基本形態となっており、耕作にたいする共同体的規制が弱かったからであろう。

それにたいし、原始的共同体においては私的所有はまったく存在せず、極めて強固な共同体的規制が存在していた。これが人間と自然とのあいだの物質代謝の攪乱を防ぎ、「セム人、ギリシア人、ローマ人などの社会」よりも強い生命力、別言すれば、より大きな持続可能性をもたらしたのである。ましてや、非常に短期間のあいだに未曾有の規模で物質代謝の攪乱をもたらした資本主義社会よりも、強固な持続可能性があるのは当然のことだろう。だが、他方、この原始的共同体は狭隘な血縁関係にもとづいており、個人の発展を妨げ、生産力の発展を妨げていた。

つまり、農耕共同体は、一方で土地の共同所有において原始的共同体の生命力を継承しつつ、他方で分割耕地とその成果の私的取得によって個人性を発達させ、社会の生産力を高めることを可能にするからこそ、「強靭な生命」をもつとマルクスは評価したのである。

第三に、マルクスは、農耕共同体を「ロシアにおける社会再生の拠点」として位置づけた。

マルクスは、ロシアの共同体を抑圧し苦しめている国家による搾取を除去し、正常な発展の条件を確保すれば、ロシアの共同体が共産主義へと発展することは可能だと考えた。というのも、当時なお残存し、広大な帝国の農民生活の基礎をなしていたロシアの農耕共同体は、高度な生産力を実現した西ヨーロッパの資本主義社会と同時に存在していたからだ。つまり、西ヨーロッパが共同体を破壊し、資本主義を経由することによってしか手に入れることができなかった生産力を、ロシアは農耕共同体を破壊することなく、獲得することができるのである。

しかも、この農耕共同体は、分割耕地でありながらも、なお集団的な要素が優勢であり、実際に「牧場の刈草干しや干拓などの共同体的事業」において共同労働をおこなっている。その意味で、農学的に合理的だとされる集団耕作、すなわち機械を利用する広大な規模の耕作にも適合的であった。

こうして、ロシアの農耕共同体は、国家の弊害を取り除き、資本主義の最新の成果である農学を取り入れるならば、共同体的要素をさらに強固にし、しかも持続可能でありながら、高度な生産力を実現することができる。

さらに、マルクスは農耕共同体の発展の可能性の根拠を、資本主義的生産様式の行きづまりにみている。

「農耕共同体」のこういう発展が現代の歴史的潮流に照応するものであることの最良の証拠は、資本主義的生産が最大の飛躍を遂げているヨーロッパとアメリカの諸国においてこの生産がおちいっている宿命的な危機である。この危機は、資本主義的生産が消滅することによって、近代社会がもっとも原古的な型のより高次な形態たる集団的な生産と取得へ復帰することによって終結するであろう。（第一草稿）

マルクスは西ヨーロッパや合衆国で支配的な資本主義的生産様式にたいして、以前にもまして厳しい評価を下している。「現在、資本主義システムは西ヨーロッパにおいても、合衆国においても、科学とも、人民大衆とも、またこのシステムが生み出す生産諸力そのものとも、闘争状態にある」（同前）。剰余価値の最大化を目的とする資本主義的生産様式は、人民大衆と対立しているばかりでなく、物質代謝を持続可能な仕方で制御するための科学とも対立しており、この意味で、合理的な生産力の発展に対立している。マルクスが、物質代謝の制御という観点から、農耕共同体の歴史的意義を見定めようとしていることは明らかであろう。

このようなロシアの農耕共同体への高い評価が、晩年の膨大なロシア研究にもとづくものであることは、抜粋ノートから見て取ることができる。だが、抜粋ノートからわかるのはそのことだけではない。それは、前近代的共同体への高い評価がロシアの農耕共同体に限られるものではなかったということである。

マルクスは、晩年におこなった歴史研究、共同体研究をつうじて、インド、アルジェリア、ラテンアメリカ、インドネシアなど、非常に広範な地域における共同体の生命力に注目するようになっていた。たとえば、コヴァレフスキー『共同体的土地所有』、シーウェル『インドの分析的歴史』、マニー『ジャワ』などの最晩年の抜粋ノートにおいて、マルクスは共同体の生命力や植民地主義への抵抗力を示唆する箇所を重点的に抜粋し、逆に、共同体の保守性にかんする叙述を無視する傾向があった。

そうだとすれば、「ザスーリチへの手紙」における「共同体はロシアにおける社会的再生の拠点である」というテーゼも、ロシアに限定されるものではなかった可能性が高い。

晩期のマルクスは、かつての近代化論を撤回したというだけでなく、むしろ前近代的共同体の生命力によって資本の力を封じ込めていくという戦略に転換したとさえ言えるだろう。

†共同体論研究からジェンダーへ

物質代謝論から共同体論へと展開したマルクスの問題関心は、さらにジェンダーへと広がっていった。晩期マルクスが研究した共同体についての諸著作には、前近代社会における男女関係についての興味深い叙述がいくつもあり、マルクスはこれに注目したのである。

多くの動物と同じく有性生殖をおこなう人間は、生殖活動をおこない、出産し、子を育てるというプロセスを営々と繰り返すことによってしか、自らを種として維持し、生命をつないでいくことができない。その意味で、これらの行為は人間と自然との物質代謝の一環をなすと言えるだろう。

だが、人間と動物とでは決定的に違う点がある。労働がそうであるように、生産力の水準や社会形態によって生殖、出産、育児のあり方は変化し、それにともない男女関係も変化する。このように社会的に形成される男女関係や性による役割の違いなどを問題にするのが、「ジェンダー」という概念である。

マルクスは主要著作においてジェンダーに関連する体系的な叙述を残していない。それゆえ、一部のフェミニストからは「マルクスはジェンダーを無視している」という非難を受けてきた。

じじつ、マルクスはヴィクトリア時代の道徳観念を共有しており、ジェンダーバイアスから自由ではなかった。マルクスは同時代の多くの革命家とは違い、よき家庭人であろうとし、多くの場合、実際にそうであった。だが、マルクスの家庭は、当時の中産階級の家父長的な家族観を大きく逸脱するものではなかった。また、『資本論』においても、今日なら問題視されるような、ジェンダーバイアスにもとづく叙述がみられる。

しかし、他方で、マルクスは男女関係のあり方には若い頃から強い関心を抱いており、インタナショナルなどの活動への女性の参加を積極的に支持した。広い意味ではジェンダーに関心を持っていたと言えるだろう。たとえば、『経済学哲学草稿』では次のように述べている。

男性の女性にたいする関係は人間の人間にたいするもっとも自然的な関係である。だから、どの程度まで人間の自然的態度が人間的となったか、あるいはどの程度まで人間的本質が人間にとって自然的本質となったか、どの程度まで人間の人間的自然が人間にとって自然となったかは、男性の女性にたいする関係のなかに示されている。

抽象的な言い回しではあるが、人間同士の関係がどれほど発展的なものになっているかは男女関係において端的に現れるということである。人間同士の関係が抑圧的で差別的な社会ではそれだけ男女関係も抑圧的で差別的であり、その逆もまたしかりである。

また、『資本論』第一巻においては、資本主義的生産様式が男女関係の発展にとって「進歩的」な役割を果たすことを指摘している。

> 大工業は、家事の領域のかなたにある社会的に組織された生産過程において、婦人、年少者、および児童に決定的な役割を割り当てることによって家族と男女両性関係とのより高度な形態のための新しい経済的基礎を作り出す。

要するにマルクスは、資本主義の発展がいわゆる女性の社会進出を促すことによって古い男女関係を変革し、より高度な形態での男女関係や家族のあり方を築き上げるための基礎を形成すると考えていた。

†晩期マルクスのジェンダーへの注目

だが、マルクスはジェンダーの領域においても、『資本論』で歩みをとめることはなかった。マルクスは晩期の共同体研究をつうじて、本格的にジェンダーの問題に取り組むのである。まとまった著作は一切残されておらず、参照できる資料は抜粋ノートだけしかないが、少なくとも次のことは言えるだろう。

第一に、マルクスは晩期の抜粋ノートにおいてジェンダー問題そのものに注目している。それ以前にも、広義のジェンダー問題への言及はあるが、いずれも資本主義的生産様式との関連で論じられていた。それにたいし、前近代の共同体をテーマとする晩期の抜粋ノートでは、非資本主義社会におけるジェンダー問題を扱っており、そのことがジェンダー問題そのものにたいするマルクスの視角や問題意識をより明確に照らし出している。

たとえば、マルクスはモーガンの名著『古代社会』を丹念に抜粋し、古代における家族形態の歴史的発展について考察している。モーガンは当時のイロコイ族をフィールドワークし、そこにみられる生活様式や家族形態から古代社会を明らかにしようとした。現在では、モーガンの見解は一面的であり、人種主義的な偏見があるとされている。それでも、家族形態を血縁家族、プナルア婚、対偶婚家族、家父長家族といった歴史的形態においてとらえ、近代的な家族像を相対化したという意味で、マルクスに大きな刺激を与えたことは間違いない。

このような近代的家族観の相対化は、ジョン・ラボック『文明の起源と人類の原始状態』やヘンリ・サムナー・メーン『初期制度史』の抜粋において、家父長家族を自明なものだとみなすラボックやメーンの「近代的偏見」をたびたび嘲笑していることからも窺うことができるだろう。

第二に、マルクスは、これらの抜粋ノートにおいて、ジェンダー差別を私的所有の有無に解消したエンゲルスとは異なる理解を示している。エンゲルスも、モーガンの著作を熱心に検討し、マルクスの遺稿であった抜粋ノートをも参照しつつ、『家族、私的所有、国家の起源』という著作を執筆した。この著作は、マルクスが家族形態やジェンダー問題について著作を書かなかったこともあり、それらの問題を本格的に扱ったマルクス主義の古典として扱われてきた。しかし、このエンゲルスの著作とマルクスの抜粋ノートの論調には明らかに違いがある。

エンゲルスは、いわゆる「女性の世界史的敗北」の原因を、私的所有の成立に求めている。簡単にいえば、生産力が上がり、富む者と富まざる者の格差が生まれ、私的所有が発生することにより、それまでの女性優位の母権制社会が崩れ、男性の所有物を保持するための家父長制社会がうまれたのだ、という議論である。つまり、ジェンダー差別の根幹には私的所有の問題、階級格差の問題があるとエンゲルスは主張したのである。

これにたいし、マルクスは、抜粋ノートを見るかぎり、このような単純な理解は示していない。もちろん、私的所有が成立する以前の氏族制社会が、それ以降の社会に比して相対的にジェンダー平等を実現していることは認めているが、氏族制の社会においても、ジェンダー差別が存在したことに注目している。一例をあげると、マルクスは、イロコイ族において女性たちの力が大きなものであった事実に着目しつつも、「男たちは厳しい処罰で脅かして女たちに貞操を要求したが、彼らは相互的な義務は負わ」ず、「一夫多妻婚」が認められていたと書き、「厳しい処罰で脅かして」と「一夫多妻婚」の部分にアンダーラインを引いている。

あるいは逆に、マルクスは私的所有が成立したあとの社会においても、女性の地位が相対的に上昇しうることに注目している。たとえば、マルクスは、モーガンの著作から、古代ローマ社会においては、先行する古代ギリシア社会よりも、女性の地位が高かったことを指摘した箇所を抜粋している。

家母は、家族の女主人であって、その夫に束縛されることなしに、自由に街に外出し、男たちとともに劇場や祝宴によく出かけた。家内にあっては、特別な部屋に閉じ込められるということはなく、また男たちの食事の席から排除されることもなかった。したがって、ローマの女たちは、ギリシアの女たちよりも大きな人格的尊厳と独立性をもっていた。

マルクスは私的所有という社会形態がジェンダー関係に与える影響を重視する一方、エンゲルスと異なり、それが私的所有に還元できる問題ではないことを認識し始めていた。ジェンダー差別が私的所有から独立に存在しうること、あるいは逆に、私的所有のもとでも女性の地位の向上がありうること、これらの事実への注目はそのことを端的に示している。

このような晩期マルクスのジェンダー関係そのものへの注目は、明らかに物質代謝の思想の帰結であろう。マルクスは、『資本論』を書くなかで、物象の力に対抗する拠点として物質代謝の論理を見いだした。そして、物象の抽象的な論理にたいして物質代謝の具体的な論理によって対抗しようとする遠大な取り組みを開始した。人間と自然との物質代謝を把握するために農学を研究し、さらにはその物質代謝を根底的に把握するために地質学や有機化学の研究までも熱心におこなった。さらに、人間と自然との物質代謝を持続可能なかたちでおこなうことができる社会形態を探るために、世界各地の共同体研究を本格的に開始した。共同体における人間と自然との物質代謝のあり方を探求することは、同時に世代を再生産するための人間と人間の関係、すなわちジェンダー関係を探求することでもあった。

このような文脈を考えれば、マルクスがジェンダーを所有形態や経済関係に還元しようとしたのではなく、むしろそれらに還元できないジェンダー固有の関係に注目したのは当然のことであった。マルクスは、たんにジェンダー差別の原因を経済システムに求めようとしたのではなく、むしろジェンダー固有の関係が資本主義的生産様式にたいする抵抗力になりうることを見いだそうとしたのである。もしマルクスがジェンダーにかんする議論を積極的に展開したとすれば、その中身はエンゲルスとはかなり違ったものとなっただろう。

†老マルクスの最後の闘争

インタナショナルは、パリ・コミューン評価や組織問題をめぐる内部対立、さらには各国政府の弾圧などにより、一八七三年には、事実上の休止状態に陥っていた。この後、マルクスが公の場に出ることはほとんどなくなった。ドイツの労働運動には関わり続けたが、基本的には理論的な関与であり、シンクタンクのような役割を果たすにとどまった。

交際の範囲も狭まり、基本的には家族と何人かの学問的な友人たちとの関わりに限られた。インタナショナルでの激務は、ただでさえ『資本論』の執筆で悪化していたマルクスの健康をいっそう損ない、マルクスは療養に多くの時間を費やすことを余儀なくされた。

だが、マルクスは『資本論』完成のための歩みを止めなかった。第二巻を完成させるための草稿の執筆は死の前年の一八八二年に至るまで続けられた。八一年に書かれた第二部草稿第八稿は、それまでのマルクスの認識の限界を乗り越え、「社会的総資本の再生産」論（残念ながら本書では扱うことができない）を理論的に完成させるものであった。一部には「晩年のマルクスは創造力を失った」という評価もあるが、マルクスは最後の最後まで這うように前進し続けたのである。

それだけではない。マルクスは物質代謝の思想を媒介にして、自らの経済学批判の構想を広大な領域に押し広げようとした。農学、地質学、鉱物学、植物学、有機化学など、物質代謝の具体的論理にかかわる自然科学を摂取しようとする試みは最晩年にいたるまで続けられた。共同体研究を深めるために、五〇代になってからロシア語を一から学ぶことさえ厭わなかった。健康上の制約が大きくなっていくなかでも、マルクスは自らの理論を鍛え上げ、それをより広範で具体的なものにしようとする努力をやめなかった。

このような晩期マルクスの試みは、労働者による社会変革を諦め、エコロジー問題や共同体に活路を求めたということを意味するものではない。マルクスは一八七九年にエンゲルスとともにドイツの社会民主党の指導者にたいして共同書簡を書き、次のように述べている。「ほとんど四〇年このかた、われわれは、階級闘争が歴史の直接の推進力であること、とくにブルジョアジーとプロレタリアートとの階級闘争が現代の社会的変革の大きな梃子であることを強調してきた」。マルクスは「労働者階級の解放は労働者階級自身の事業でなければならない」という考えを生涯維持し続けた。『資本論』において労働形態が生産様式を根本的に規定することが論証されていることからしても、労働運動を重視し続けたのは当然のことであった。

だが、他方、マルクスは労働運動の体制内化にしばしばいら立ちを示した。一八七八年に書いた手紙では、「イングランドの労働者階級は、一八四八年以来の腐敗期をつうじて、しだいしだいに退廃の度を深め、ついには、大自由党、すなわち自分たちの抑圧者、資本家どものしっぽにすぎなくなるところまでなりさがった」と述べているほどだ。マルクスは、一八四八年以降、理論的にも実践的にも資本主義の強力さを理解するようになるにつれ、労働運動による長期の改良闘争の必要性にとどまらず、労働者階級の階級闘争だけでは社会変革が可能ではないこと、労働者階級の同盟者が必要であることを認識するようになっていったのである。

物質代謝の思想を媒介とした晩期マルクスの変革構想の発展は、まさに労働者階級の同盟者の探求の帰結であった。マルクスは労働者階級の同盟者を三つの領域で見いだしたと言えるだろう。

第一に、社会的マイノリティである。マルクスはすでに『資本論』第一巻において「北アメリカ合衆国では、奴隷制が共和国の一部を不具にしていたかぎり、どんな自立的な労働運動も麻痺したままであった。黒人の労働が焼き印を押されているところでは、白人の労働も解放されえない」という認識を示していた。マルクスがリンカーンの奴隷解放を熱烈に支持したゆえんである。

マルクスはこの後、アイルランドについても同様の認識を示すにいたる。「アイルランドの体制をイングランドの労働者階級の権力獲得によって転覆させることができるのだと、私は長い間信じてきた。……研究をより深めることによって、私は今ではそれと反対のことを確信するようになった。イングランドの労働者階級は、アイルランドから手を切らないかぎりは、何事も成し遂げられないであろう。梃子はアイルランドに据えなければならない。このことのために、アイルランド問題は社会運動全般にとって非常に重要なのだ」（一八六九年一二月一〇日のエンゲルス宛の手紙）。同様のことをクーゲルマン宛の手紙でもマルクスは述べている。「イングランド労働者階級がこのイングランドでなにか決定的なことをなしうるためには、アイルランドについてのその政策を思い切ってはっきりと支配階級の政策から分離し、さらにアイルランド人と共同してことを進めるにとどまらず、一八〇一年に結成された合併を解体し、これに代わって自由な連邦という関係を樹立するために主導権を握るようにさえしなければならない」(一八六九年一一月二九日付)。

アメリカの奴隷制であれ、イングランドによるアイルランド支配であれ、支配階級の搾取体制を強化するだけでなく、人種やエスニシティによる差別をつうじて、労働者階級を分断し、労働運動を機能不全にしてしまっていた。これを克服するために、労働運動がレイシズムやエスニシティの問題に積極的に取り組む必要があるとマルクスは考えるようになったのである。

晩期の抜粋ノートにおけるジェンダーへの注目も、同様の文脈で考えることができるだろう。明確に書いていないが、マルクスはジェンダーについても、差別を克服することなしには労働運動を強力にすることはできないと考えるようになったに違いない。

マルクスは社会的マイノリティの問題を階級問題に還元して満足してしまうのではなく、それらが資本主義的生産関係とどのように絡み合っているのかを具体的に分析し、社会的マイノリティに資本主義的生産様式に抵抗するための潜勢力を見いだした。その後の社会運動の展開を見れば、マルクスの先駆性は明らかであろう。

マルクスが同盟者を探し求めた第二の領域は、前近代的共同体である。晩期マルクスは、植民地支配がどれほど残酷であろうと、旧来の封建的抑圧を一掃するという点で革命的意義をもつという初期の見解を撤回し、むしろ前近代的共同体のなかに資本にたいする抵抗の拠点をみいだした。

このような前近代的共同体への高い評価は、けっしてロマン主義にもとづくものではない。『資本論』を仕上げる努力のなかで物象の強固な力をますます深刻に認識するようになったこと、資本主義の植民地主義的拡張が悲惨な帰結をもたらしたという事実を目撃したこと、膨大な共同体研究のなかで前近代的共同体の強靭な生命力を見いだすようになったこと、これらの理論的認識の深化の結果であった。

マルクスは『共産党宣言』のロシア語第二版（一八八二）の序文においてエンゲルスとともに次のように書いている。「ロシア革命が西ヨーロッパのプロレタリア革命の合図となり、その結果、両者がたがいにおぎないあうならば、現在のロシアの土地の共同所有は共産主義的発展の出発点となりうる」。この結論はロシアに限定されているが、抜粋ノートをみれば、マルクスはこのテーゼの妥当範囲をかなり広く考えていた可能性が高い。

資本主義のグローバリゼーションが貫徹しつつある現在においては、前近代的共同体はほとんど残存していない。しかし、どれほど物象の力が社会に浸透しようとも、人類が営々と築き上げてきた地域的共同性や伝統的文化、エコロジー的習慣が完全に消滅してしまうことはない。その意味で、マルクスが資本への抵抗力として前近代的要素に注目したことは現在の社会運動にとっても示唆的であり続けている。

マルクスが労働者階級の同盟者を見いだした第三の領域は、人間と自然との物質代謝、さらにはそれと関連する物質代謝の総体、すなわち地球上の生命活動の全体であった。マルクスは具体的な物質代謝の論理を探求し、精通するようになるにつれ、地球上の生命的営みの総体と資本主義的生産関係が、さまざまな領域や局面で衝突せざるをえないことを確信するようになった。

マルクスの物質代謝の論理への関心は、共同体の場合とおなじく、理念的なものではない。たとえば、ディープ・エコロジーのように自然を理想化し、それによって近代を批判したのではなかった。むしろ、マルクスが注目したのは、時代的な制約があったとはいえ、当時の自然科学の発展によって明らかにされつつあった物質代謝の具体的論理であり、その多様性であった。

老マルクスは貪《むさぼ》るようにそれらの成果を摂取しようとした。具体的な科学的知見を丹念に書き抜いた抜粋ノートをみると、マルクスの細部への関心、固有性と多様性への強烈な関心に圧倒される。マルクスは、多様な領域における物質代謝の固有性が抽象的な資本の蓄積運動にたいする強力な抵抗の拠点となることを知り尽くしていた。

このようなマルクスの広大な視角は、マルクスのエコロジー的関心を示すにとどまらない。それは同時に、自然科学者と労働者階級との同盟の可能性をも示唆していると言えるだろう。日本における反原発運動の先駆者である高木仁三郎がそうしたように、科学的知見を深め、蓄積し、体系化することにより、物質代謝の具体的論理を明らかにし、資本にたいする抵抗の陣地を築くことが可能だからである。マルクスの経済学批判とは、「収穫逓減法則」のように物質代謝をきわめて抽象的に把握しようとする経済学を、農学や地質学などの具体的な自然科学によって批判する営みでもあった。

老マルクスは、資本による徹底的な前近代的秩序の破壊によって生まれたデラシネ的主体がアソシエーションを形成していくという初期の構想からはほど遠いところにいた。むしろ、マルクスは資本が包摂する物象の世界の外部を確保しようとしたのである。労働運動においては、労働時間の制限と職業教育・技術教育によって資本の外部を維持し、拡大しようとした。農業においては、物質代謝の具体的論理を明らかにする農学にもとづいて、資本による物質代謝の攪乱を抑制しようとした。人種やエスニシティ、ジェンダーによる分断を利用して自らの支配を貫徹しようとする資本の傾向にたいしては、労働者階級と社会的マイノリティとの連帯によって対抗しようとした。さらに、非西洋世界においては、前近代的共同体の積極的要素によって物象の力を封じ込めようとした。

要するに、晩期マルクスの変革構想は、物質代謝の固有性と多様性にもとづいて、あらゆる領域で物象の力に抗していくことであり、それをつうじて労働者たちのアソシエーションの可能性を拡大していくということであった。

老マルクスにはこの構想を完全に完成させる時間は残されていなかった。だが、マルクスは妥協しなかった。自己満足のために手持ちの草稿を仕上げて体系を作り上げるよりも、むしろ自らの飽くなき探求によって未完の変革構想の巨大なスケールを示すことを選んだのである。これが、悪化する健康状態のなかで必死にもがき続けた、老マルクスの最後の闘争であった。

この偉大な成果をどのように継承し、発展させていけるかは、もちろん、私たち自身の実践にかかっている。マルクスが言ったように、肝心なのは「解釈」することではなく、「変革」することなのだから。

あとがき

新書として読みやすくするため、本書では注釈を一切付けていない。だが、言うまでもなく、本書は膨大な先行研究の成果にもとづいている。とりわけ伝記的な叙述にかんしては、そのほとんどを先行研究におっている。すべてではないが、主要な参考文献については巻末に掲げておいた。

また、いちいち注記しなかったが、文中の翻訳は既存のもの（主として大月書店から刊行されている著作集の翻訳）を参照し、必要におうじて修正を加えてある。

率直に言うと、『カール・マルクス』というタイトルで新書を書くことには逡巡もあった。私自身の勉強不足は措くとしても、本文でも述べたように、MEGAの刊行によって、ようやくマルクスの思想の全貌が見え始めているというのが現状だからだ。一般に抱かれているイメージとは異なり、実際には、マルクスの全体像、とくに晩期マルクスについての研究はまさにこれから本格的になされなければならない。

それでもあえて筆をとったのは、現在のさまざまな社会問題に関心を抱く方々に、マルクスの思想のアクチュアリティを少しでも伝えたいと考えたからだ。世にマルクス入門や資本論入門は氾濫しているが、近年の文献研究を踏まえたうえで、マルクスの実像を明らかにしようとするものはほとんどない。だが、マルクスの思想の本当の魅力、そしてそのアクチュアリティはステレオタイプの解説ではけっして理解できない。なによりも、マルクスその人の実像に迫る必要があるのである。本書においては、入門的概説でありながらも、できるだけ正確な解説を心がけたつもりである。

その意味では、本書を読んでマルクスの思想に魅力を感じることができたら、ぜひマルクスじしんの著作に挑戦していただきたい。決して簡単ではないが、この小著では伝えきれなかったマルクスの思想の広がりや深さ、そしてそのアクチュアリティを読み取ることができるだろう。巻末にあげた参考文献はそのためのガイドとしても役立つはずである。

カール・マルクス年表

年月日	出来事
1818年5月	トリーアで生まれる。
1835年10月	ボン大学に入学する。
1836年10月	ベルリン大学に移る。
1837年夏	青年ヘーゲル派と出会い、ドクトル・クラブに加入する。
1841年4月	博士号を取得する。
1842年10月〜1843年3月	『ライン新聞』の編集長を務める。
1843年6月	イェニーと結婚する。
1843年夏	『ヘーゲル国法論批判』を執筆する。
1843年10月	『独仏年誌』を刊行するため、パリに移る。
1844年2月	『独仏年誌』創刊号を刊行する。
1844年3月〜8月	『経済学哲学草稿』を執筆する。

1844年8月	エンゲルスと再会し、生涯にわたる盟友となる。
1844年11月	『聖家族』の執筆を終える。翌年2月に刊行される。
1845年2月	パリから追放され、ブリュッセルに亡命する。
1845年9月〜1847年4月	『ドイツ・イデオロギー』を執筆する。
1846年初頭	共産主義通信委員会を設立する。
1847年1月	義人同盟に加入し、共産主義者同盟への改組に従事する。
1847年7月	『哲学の貧困』が刊行される。
1848年2月	『共産党宣言』が刊行される。
1848年3月	ベルギー政府によって追放され、パリへ向かう。
1848年4月	ドイツの革命に合流するため、ケルンに移る。
1848年6月	『新ライン新聞』を創刊する。
1849年5月	プロイセン政府によって追放され、翌月パリへ向かう。
1849年8月	フランス政府からパリからの退去を迫られ、ロンドンへ移住する。
1852年11月	共産主義者同盟を解散する。
1857年8月〜1858年5月	『経済学批判要綱』を執筆する。
1859年6月	『経済学批判』が刊行される。
1861年8月〜1863年7月	『61年-63年草稿』を執筆する。

1864年9月	国際労働者協会（インターナショナル）の評議員となる。
1867年9月	『資本論』第一巻が刊行される。
1871年6月	『フランスの内乱』が刊行される。
1875年5月	『ゴータ綱領批判』を執筆する。
1876年7月	インタナショナルが解散する。
1881年2月〜3月	「ザスーリチへの手紙」を起草し、送る。
1883年3月	マルクス没。

主要参考文献

伝記

デヴィッド・マクレラン『マルクス伝』杉原四郎他訳、ミネルヴァ書房、一九七六年
ジョナサン・スパーバー『マルクス』小原淳訳、白水社、二〇一五年
フランシス・ウィーン『カール・マルクスの生涯』田口俊樹訳、朝日新聞社、二〇〇二年
ドイツ社会主義統一党中央委員会付属マルクス＝レーニン主義研究所編『モールと将軍』栗原佑訳、大月書店、一九七六年
小牧治『マルクス』清水書院、一九六六年

マルクスと文学

S. S. Prawer, *Karl Marx and World Literature*, Oxford University Press, 1976.

初期マルクスの思想

渡辺憲正『近代批判とマルクス』青木書店、一九八九年
有井行夫『マルクスの社会システム理論』有斐閣、一九八七年
田畑稔『マルクスと哲学』新泉社、二〇〇四年
デヴィッド・マクレラン『マルクス思想の形成』宮本十蔵訳、ミネルヴァ書房、一九七一年

廣松渉・井上五郎『マルクスの思想圏』朝日出版社、一九八〇年

『資本論』関連

佐々木隆治『私たちはなぜ働くのか』旬報社、二〇一二年
大谷禎之介『図解　社会経済学』桜井書店、二〇〇一年
久留間鮫造『価値形態論と交換過程論』岩波書店、一九五七年
久留間鮫造編『マルクス経済学レキシコン』全一五巻、大月書店
小西一雄『資本主義の成熟と転換』桜井書店、二〇一四年
ハリー・ブレイヴァマン『労働と独占資本』富沢賢治訳、岩波書店、一九七八年
ポール・スウィージー『資本主義発展の理論』都留重人訳、新評論、一九六七年
ミヒャエル・ハインリッヒ『『資本論』の新しい読み方』明石英人他訳、堀之内出版、二〇一四年

晩期マルクスの思想

佐々木隆治『マルクスの物象化論』社会評論社、二〇一一年
Kohei Saito, *Natur gegen Kapital: Marx' Ökologie in seiner unvollendeten Kritik des Kapitalismus*, Campus, 2016.
岩佐茂・佐々木隆治編『マルクスとエコロジー』堀之内出版、二〇一六年
ケヴィン・アンダーソン『周縁のマルクス』平子友長監訳、社会評論社、二〇一五年
Heather Brown, *Marx on Gender and the Family*, Brill Academic Pub, 2012.
大谷禎之介・平子友長編『マルクス抜粋ノートからマルクスを読む』桜井書店、二〇一三年
大谷禎之介『マルクスのアソシエーション論』桜井書店、二〇一一年

福富正実『経済学と自然哲学』世界書院、一九八九年
吉田文和『環境と技術の経済学』青木書店、一九八〇年
椎名重明『農学の思想』東京大学出版会、一九七六年

ちくま新書
1182

カール・マルクス
――「資本主義《しほんしゅぎ》」と闘《たたか》った社会思想家《しゃかいしそうか》

二〇一六年四月一〇日 第一刷発行
二〇一八年七月三〇日 第三刷発行

著者 佐々木隆治（ささき・りゅうじ）
発行者 喜入冬子
発行所 株式会社 筑摩書房
東京都台東区蔵前二-五-三 郵便番号一一一-八七五五
振替〇〇一六〇-八-四一二三
装幀者 間村俊一
印刷・製本 三松堂印刷 株式会社

乱丁・落丁本の場合は、左記宛にご送付ください。
送料小社負担でお取り替えいたします。
ご注文・お問い合わせも左記へお願いいたします。
〒三三一-八五〇七 さいたま市北区櫛引町二-六〇四
筑摩書房サービスセンター 電話〇四八-六五一-〇〇五三

ISBN978-4-480-06889-7 C0230

ちくま新書

277 ハイデガー入門　細川亮一
二〇世紀最大の哲学書『存在と時間』の成立をめぐる謎とは？　難解といわれるハイデガーの思考の核心を読み解き、西洋哲学が問いつづけた「存在への問い」に迫る。

301 アリストテレス入門　山口義久
論理学の基礎を築き、総合的知の枠組をつくりあげた古代ギリシア哲学の巨人。その思考の方法と核心に迫り、知の探究の軌跡をたどるアリストテレス再発見！

533 マルクス入門　今村仁司
社会主義国家が崩壊し、マルクス主義が後退した今、マルクスを読みなおす意義は何か？　既存のマルクス像からはじめて自由になり、新しい可能性を見出す入門書。

589 デカルト入門　小林道夫
デカルトはなぜ近代哲学の父と呼ばれるのか？　行動人としての生涯と認識論・形而上学から自然学・宇宙論におよぶ壮大な知の体系を、現代の視座から解き明かす。

776 ドゥルーズ入門　檜垣立哉
没後十年以上を経てますます注視されるドゥルーズ。哲学史的な文脈と思想的変遷を踏まえ、その豊かなイマージュと論理を読む。来るべき思想の羅針盤となる一冊。

901 ギリシア哲学入門　岩田靖夫
「いかに生きるべきか」という問題は一個人の幸福から「正義」への問いとなり、共同体＝国家像の検討へつながる。ギリシア哲学を通してこの根源的なテーマに迫る。

967 功利主義入門――はじめての倫理学　児玉聡
「よりよい生き方のために常識やルールをきちんと考えなおす」技術としての倫理学において「功利主義」は最有力のツールである。自分で考える人のための入門書。

1060 哲学入門　戸田山和久
言葉の意味とは何か。私たちは自由意志をもつのか。人生に意味はあるか……こうした哲学の中心問題を科学が明らかにした世界像の中で考え抜く、常識破りの入門書。

1165 プラグマティズム入門　伊藤邦武
これからの世界を動かす思想として、いま最も注目されるプラグマティズム。アメリカにおけるその誕生から最新の研究動向まで、全貌を明らかにする入門書決定版。

261 カルチュラル・スタディーズ入門　上野俊哉／毛利嘉孝
サブカルチャー、メディア、ジェンダー、エスニシティ、ポストコロニアリズムなどの研究を通してカルチュラル・スタディーズが目指すものは何か。実践的入門書。

377 人はなぜ「美しい」がわかるのか　橋本治
「美しい」とはどういう心の働きなのか？「合理性」や「カッコよさ」とはどう違うのか？　日本の古典や美術に造詣の深い、活字の鉄人による「美」をめぐる人生論。

393 現象学は〈思考の原理〉である　――シリーズ・人間学③　竹田青嗣
人間とは何か、社会とは何か。現象学はこの問いを根本から解明する思考の原理だ！　現象学の方法から言語、身体までその本質を論じ、現象学の可能性を指し示す。

395 「こころ」の本質とは何か　――統合失調症・自閉症・不登校のふしぎ　シリーズ・人間学⑤　滝川一廣
統合失調症、自閉症、不登校――。これら三つの「こころ」の姿に光を当て、「個的」でありながら「共同的」でもある「こころ」の本質に迫る、精神医学の試み。

469 公共哲学とは何か　山脇直司
滅私奉公の世に逆戻りすることなく私たちの社会に公共性を取り戻すことは可能か？　個人を活かしながら公共性を開花させる道筋を根源から問う知の実践への招待。

ちくま新書

474 アナーキズム
――名著でたどる日本思想入門
浅羽通明
大杉栄、竹中労から松本零士、笠井潔まで十冊の名著をたどりながら、日本のアナーキズムの潮流を俯瞰する。常に若者を魅了したこの思想の現在的意味を考える。

532 靖国問題
高橋哲哉
戦後六十年を経て、なお問題でありつづける「靖国」を、具体的な歴史の場から見直し、それが「国家」の装置としていかなる役割を担ってきたのかを明らかにする。

569 無思想の発見
養老孟司
日本人はなぜ無思想なのか。それはつまり、「ゼロ」のようなものではないか。「無思想の思想」を手がかりに、日本が抱える諸問題を論じ、閉塞した現代に風穴を開ける。

578 「かわいい」論
四方田犬彦
キティちゃん、ポケモン、セーラームーン――。日本製のキャラクター商品はなぜ世界中で愛されるのか？「かわいい」の構造を美学的に分析する初めての試み。

623 1968年
絓《すが》秀実
フェミニズム、核家族化、自分さがし、地方の喪失などに刻印された現代社会は「1968年」によって生まれた。戦後日本の分岐点となった激しい一年の正体に迫る。

764 日本人はなぜ「さようなら」と別れるのか
竹内整一
一般に、世界の別れ言葉は「神の身許によくあれかし」、「また会いましょう」、「お元気で」の三つだが、日本人にだけ「さようなら」がある。その精神史を探究する。

769 独学の精神
前田英樹
無教養な人間の山を生んだ教育制度。世にはびこる賢しらな教育論。そこに決定的に欠けた視座とは？　身ひとつで学び生きるという人間本来のあり方から説く学問論。

ちくま新書

805
12歳からの現代思想
岡本裕一朗
この社会や人間の未来を考えるとき、「現代思想」はさまざまな手がかりを与えてくれる。子どもも大人も知っておきたい8つのテーマを、明快かつ縦横に解説する。

819
社会思想史を学ぶ
山脇直司
社会思想史とは、現代を知り未来を見通すための、過去の思想との対話である。近代啓蒙主義からポストモダニズムまで、その核心と限界が丸ごとわかる入門書決定版。

852
ポストモダンの共産主義
――はじめは悲劇として、二度めは笑劇として
スラヴォイ・ジジェク
栗原百代訳
9・11と金融崩壊でくり返された、グローバル危機という掛け声に騙されるな――闘う思想家が混迷の時代を分析、資本主義の虚妄を暴き、真の変革への可能性を問う。

910
現代文明論講義
――ニヒリズムをめぐる京大生との対話
佐伯啓思
殺人は悪か？ 民主主義はなぜ機能しないのか？――ニヒリズムという病が生み出す現代社会に特有の難問について学生と討議する。思想と哲学がわかる入門講義。

946
日本思想史新論
――プラグマティズムからナショナリズムへ
中野剛志
日本には秘められた実学の系譜があった。『TPP亡国論』で話題の著者が、伊藤仁斎、荻生徂徠、会沢正志斎、福沢諭吉の思想に、日本の危機を克服する戦略を探る。

1000
生権力の思想
――事件から読み解く現代社会の転換
大澤真幸
我々の生を取り巻く不可視の権力のメカニズムとはいかなるものか。ユダヤ人虐殺やオウム、宮崎勤の犯罪など象徴的事象から、現代における知の転換を読み解く。

1017
ナショナリズムの復権
先崎彰容
現代人の精神構造は、ナショナリズムとは無縁たりえない。アーレント、吉本隆明、江藤淳、丸山眞男らの名著から国家とは何かを考え、戦後日本の精神史を読み解く。